El huerto completo
en poco espacio

Fausta Mainardi Fazio

EL HUERTO COMPLETO EN POCO ESPACIO

dve
PUBLISHING

© Editorial De Vecchi, S. A. 2019
© [2019] Confidential Concepts International Ltd., Ireland
Subsidiary company of Confidential Concepts Inc, USA
ISBN: 978-1-64461-933-9

ÍNDICE

INTRODUCCIÓN

En la actualidad, sabemos que la dieta vegetariana y el crudismo son la base de una alimentación sana y rica, pero nos vemos obligados a sospechar de cualquier producto de la tierra. Fitofármacos, herbicidas, aguas contaminadas, nubes tóxicas y manipulaciones genéticas nos imponen limitaciones en lo que se refiere a alimentos necesarios como las hortalizas.

Si tenemos una terraza o un balcón que respondan a los requisitos necesarios de exposición, hagamos nuestro «pequeño huerto de confianza». Lo que resulta imposible, difícil o costoso en campo abierto, es de fácil realización en un espacio reducido donde no sea necesaria la lucha contra los parásitos y la total protección de las condiciones adversas.

La disposición de las hortalizas puede otorgarles valor ornamental, como en este arriate de lechugas capucho

Si es fácil cultivar en un balcón la lechuga y el tomate para la ensalada, en una terraza es posible realizar un huerto digno de tal nombre, porque un trozo de tierra no mayor que una habitación pero bien explotado puede surtir de hortalizas la mesa de una persona todo el año.

El destino de balcones y terrazas ha sido desde siempre ornamental, pero las hortalizas pueden cultivarse respetando la estética y, además, un huerto de terraza en medio del caos urbano, si está bien proyectado y mantenido, puede ofrecer particulares motivos de interés y resultar muy atractivo.

En el espacio reducido o, más bien, delimitado, de una terraza se establece el denominado *microclima*; esta es una situación climática particular que raras veces se aleja, en sentido positivo o negativo, del clima típico de la zona.

La decisión de instalar un huertecito en un espacio así debe tomarse tras comprobar que existen condiciones si no ideales, por lo menos suficientes para satisfacer las exigencias de las hortalizas más comunes, de manera que podamos obtener una cosecha proporcional al esfuerzo.

La *exposición* es la única limitación para la realización del huerto pensil, puesto que solamente con luz solar puede proceder la clorofila verde

La exposición solar de la terraza determina el éxito o el fracaso del huerto

de los vegetales a la síntesis de las sustancias orgánicas necesarias para su desarrollo y producción.

Es preciso hacer una distinción entre *duración* e *intensidad de la luz*: la primera condiciona el ciclo biológico de los vegetales; la segunda influye directamente en la cantidad y la calidad del producto. Las hortalizas pertenecen en su mayor parte a las especies denominadas «de día largo», en particular las cultivadas por sus frutos y semillas, para la maduración de los cuales el sol directo es necesario y confiere además a la cosecha una calidad organoléptica y nutritiva superior.

En general, el huerto precisa un mínimo de seis horas de sol al día, o al menos de luminosidad intensa y prolongada. Cuando la exposición no es apropiada, para no renunciar del todo al huerto podemos recurrir a especies menos exigentes como las de otoño e invierno.

Antes de proyectar el huerto es necesario observar la presencia del sol en la terraza o balcón, sobre todo, al nivel del suelo, ya que en exposición óptima también es necesaria una estructura que haga de barrera a los rayos solares.

La *ventilación* moderada y constante es beneficiosa pues asegura la renovación necesaria de oxígeno, regula la humedad en el aire, que de ser excesiva favorece las enfermedades criptogámicas, y mitiga el ardor del sol.

Los vientos muy fuertes, en cambio, son muy dañinos porque doblan los tallos, rompen las ramas, hacen caer las flores y los frutos y deshidratan las plantas, estimulando las transpiración de las hojas y la evaporación del terreno.

El problema de la *temperatura* deriva del clima general de la zona. Cada especie tiene exigencias

Los pimientos no toleran temperaturas inferiores a los 19 °C

propias, pero en general estas se adecuan a temperaturas medias comprendidas entre los 20 y los 25 °C y tienen límites inferiores y superiores de 10 y 35 °C respectivamente.

Es necesario distinguir entre actividad vegetativa y supervivencia: algunas hortalizas de siembra otoñal germinan también a 5 °C y después esperan la primavera para desarrollarse; otras, ya en producción, sobreviven en buenas condiciones en el huerto invernal permitiendo la recogida, aunque sin vegetar.

Las variaciones térmicas marcadas y repentinas resultan mucho más perjudiciales para las hortalizas que las condiciones medias que se apartan sensiblemente de las óptimas, pero que permanecen bastante constantes. En las terrazas óptimamente expuestas las hortalizas, sujetas a intensa insolación en las buenas jornadas invernales, sufren al atardecer un rápido enfriamiento que puede provocar daños irreversibles.

Los *eventos metereológicos* hacen sentir su efecto en la vegetación sobre todo cuando esta se encuentra en plena actividad.

La *lluvia* ligera y no demasiado prolongada (no contaminada) es beneficiosa para las hortalizas mientras que, si es violenta, arruina sembrados y raíces, provoca daños mecánicos, sobre todo en las plantas jóvenes, y arrastra las sales y los nutrientes del terreno.

La *nieve* cuando cae sobre las hortalizas que se hallan en espera de los primeros calores para reemprender la actividad, es muy útil porque forma un estrato aislante que impide que el terreno descienda a temperaturas bajo cero; pero si es cuantiosa malogra las hortalizas ya maduras.

El *granizo* es la peor calamidad para el huerto, puesto que en pocos instantes es capaz de anular el trabajo de meses. Es frecuente en los temporales de primavera o verano (el periodo más delicado para el cultivo).

La *escarcha* que se forma en las serenas y heladas noches invernales por condensación de la humedad contenida en los estratos próximos al suelo es sumamente dañina porque cubre las hojas con una capa de hielo que provoca la necrosis de los tejidos.

El cultivo de las hortalizas en terraza puede hacerse en arriates, cajones, jardineras y macetas, que son recipientes adecuados para contener la tierra necesaria para el desarrollo y el anclaje del aparato radicular y que constituyen una modesta reserva de nutrientes y agua.

La *profundidad* mínima es de 30 cm, pero es aconsejable alargarla a 35 cm para las hortalizas que alcanzan un desarrollo considerable.

La *superficie* se calcula en base a las distancias indicadas entre plantas. Por ejemplo, en una maceta de 40 cm de diámetro cultivaremos una sola planta de tomate, 3 o 4 plantas de guisante y 4 o 5 de lechuga.

Los *arriates* permiten emplear mejor el espacio subdividiéndolo en parcelas como si se tratara de un huerto en pleno campo, y realizar así una verdadera red de regadío.

Los arriates se realizan elevando un murito de 33-35 cm de alto con ladrillos vistos, ladrillos perforados, losetas o piezas prefabricadas de cemento. Los primeros, superpuestos en hileras oblicuas o en espiga, responden mejor a las exigencias estéticas y funcionales por su aspecto natural y su estructura porosa,que permite respirar a la tierra y ejerce una acción aislante en relación con la temperatura exterior. Por lo que respecta a las dimensiones de cada arriate, no hay problema por la longitud pero para la anchura existe un máximo de 1 m, de manera que permita los trabajos de cultivo exteriores.

Los *cajones y jardineras,* por su forma cuadrangular, aprovechan más racionalmente el espacio que las macetas tradicionales y se pueden reunir de manera que constituyan verdaderos arriates.

Los materiales de los recipientes son muy importantes, pues protegen las raíces, función que el reducido espesor de la tierra circundante no puede cumplir. El barro cocido, aparte de su indudable elegancia y aptitud para acomodarse a cualquier estilo, es un perfecto aislante. Los materiales plásticos, en cambio, registran rápidamente las diferentes variaciones térmicas y las trans-

Macetas formando un conjunto

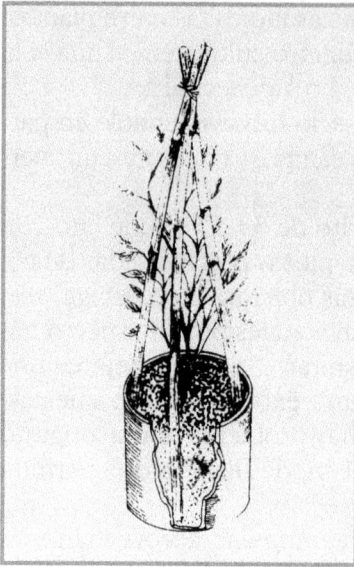

Solución elegante para el cultivo en macetas individuales

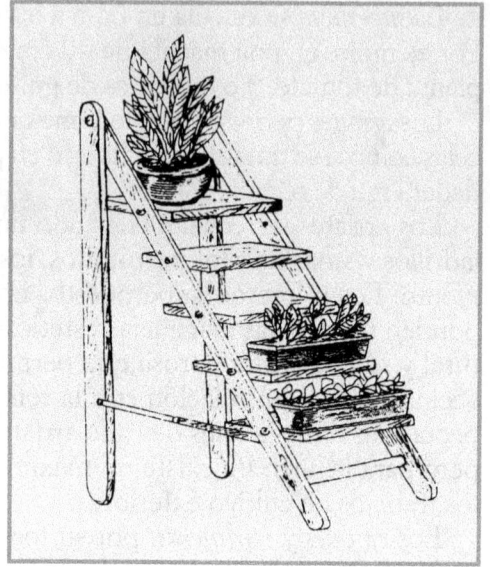

Estantería de escalera para el cultivo de pequeñas hortalizas o para semillero y vivero

miten a la tierra, pero presentan indudables ventajas, como la ligereza, la higiene y la impermeabilidad, que permite cierto ahorro de agua. El *drenaje* es indispensable para el desagüe del agua que, en caso de lluvia prolongada, supera la capacidad de retención hídrica del suelo y, al encontrar obstáculos a su paso, provoca la compacidad el substrato, la asfixia de las raíces y el ahogo de las plantas.

En los arriates se predispone el drenaje de forma que se obtengan agujeros al nivel del pavimento y a una distancia entre ellos de unos 50 cm. Para evitar que la tierra sea arrastrada fuera o, lo que es peor, tapone los agujeros del drenaje, es necesario protegerlos últimos con cascotes o colocando en el fondo, si se trata de contenedores grandes o arriates, un estrato de 2-3 cm de arcilla expandida.

Las *funciones* básicas que desarrolla el suelo son hospedar y anclar las raíces y constituir un depósito para el agua y las sustancias nutritivas; estas son gradualmente puestas a disposición de las plantas mediante una serie de productos químicos y biológicos dirigidos por la microflora existente, que puede vivir y multiplicarse gracias al *humus*, presente siempre

en pleno campo y aportado tradicionalmente con el estiércol. Las diferentes hortalizas, aunque tienen sus exigencias, se adecuan a un sustrato de características medias, ni demasiado suelto ni demasiado compacto, compuesto por grumos más bien gruesos capaces de retener un grado justo de humedad y dejar circular el aire: este terreno en la práctica se denomina *arenoarcilloso*. Una tierra de este tipo tiene también pH neutro o casi neutro, que beneficia a las hortalizas en general.

Para la preparación de un buen mantillo se utiliza tierra buena extraída de un huerto en el campo o en el jardín, se añade vermiculita o perlita, materiales inertes de grano grueso para que no afecte al enraizamiento.

La turba, aparte de su coste elevado, no es adecuada: al descomponerse acidifica el suelo y su gran poder de absorción aumenta notablemente el peso del substrato en caso de lluvias abundantes o persistentes.

La tierra que se compra está ya cribada, mientras que la extraída del campo debe ser liberada de piedras y restos vegetales gruesos, sobre todo si no están aún descompuestos, haciéndola pasar a través de un cedazo de malla más bien gruesa. Es recomendable, en cualquier caso, adoptar las normas preventivas respecto a la presencia de parásitos y semillas de malas hierbas; trataremos este tema más adelante.

En pleno campo las hortalizas empujan sus raíces a una profundidad de 30 cm en el estado denominado *activo,* en el que circula agua y aire y vive la microflora. La oportunidad de obtener un suelo de cultivo de mayor espesor depende de las características técnicas de la terraza o balcón. Veremos cómo se puede obviar la insuficiencia de substrato con la adopción de modernas técnicas de regadío y fertilización.

La *renovación* del suelo, que siempre es aconsejable para los cultivos que no se efectúan en plena tierra, en el huerto de terraza no puede entenderse en sentido estricto, pues resultaría demasiado costoso y laborioso. Consiste en: el gradual restablecimiento del nivel, que baja de modo natural como consecuencia de las inevitables pérdidas a través de los agujeros del drenaje y la recogida de hortalizas como zanahorias o rábanos, que conservan partículas adheridas; la reintegración de las reservas nutritivas mediante regulares y oportunos abonados; el laboreo que abarque el estrato completo cada vez que esté libre de cultivo; y la extracción, mediante rastrillo o criba, de cualquier residuo vegetal sin descomponer.

Los vegetales, al descomponerse le roban nitrógeno al suelo, mientras si están descompuestos lo enriquecen.

LABORES PRELIMINARES

En las terrazas, el *desagüe del agua* debería estar asegurado por una leve pendiente hacia los sumideros, dispuesta para canalizar la lluvia. Las terrazas y balcones suelen estar protegidos contra las infiltraciones, pero el contacto permanente con la tierra húmeda puede, a la larga, dañar la capa impermeable. En los arriates, las raíces de las plantas, por acción mecánica o química, pueden atacarla y permitir el paso de humedad. Conviene asegurar la *impermeabilidad del pavimento* mediante la colocación de un tejido impermeable y antirraíces.

Cuando se desee explotar intensivamente la superficie de la terraza, antes de disponer macetas y cajones o realizar arriates fijos, es necesario que un técnico valore *la resistencia de las estructuras* a una carga inusual. Una tierra de características medias aumenta entre el 60 y el 70 % su propio peso cuando está saturada de agua. Para los arriates se calcula el peso por

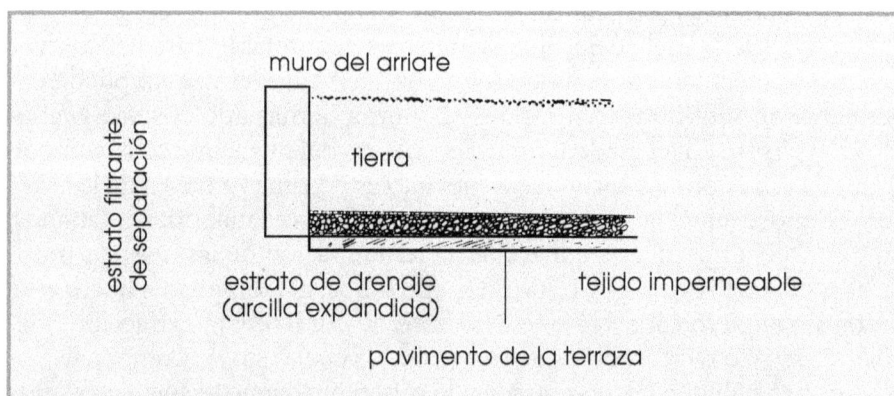

Impermeabilización del fondo de un arriate con tejido antirraíces

metros cuadrados en base al espesor del substrato, mientras para los contenedores se debe añadir al peso de la tierra el de los recipientes. La carga tiene que distribuirse lo más regularmente posible sobre la superficie disponible. Veamos con un ejemplo cómo se calcula la carga por metro cuadrado de superficie de un arriate, teniendo en cuenta que el peso medio de 1 dm³ de tierra, si está seca, es 1,1 kg, y si está mojada, 1,8 kg:

— *volumen de tierra* contenido en un arriate de 1 m² y 30 cm de profudidad: 10 dm ∞ 10 dm ∞ ∞ 3 dm³ = 300;

— *peso total* del arriate con tierra seca: 1,1 ∞ 300 = = 330 kg;

— *peso total* del arriate con tierra mojada: 1,8 ∞ ∞ 300 = 540 kg.

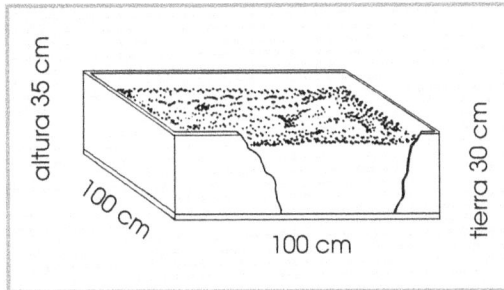

Cálculo del peso de la tierra de un arriate

Veamos ahora cómo se calcula el peso de la tierra de una maceta circular:

— volumen de tierra contenido en una maceta de 60 cm de diámetro y 35 cm de altura (profundidad de la tierra, 30 cm);

— *área* de la base: 6 ∞ ∞ 3,14 = 18,44 dm²;

— *volumen*: 18,44 ∞ 3 = = 55,32 dm³;

— *peso total* del volumen de tierra seca: 1,1 ∞ ∞ 55,32 = 60,8 kg;

— *peso total* del volumen de tierra mojada: 1,8 ∞ ∞ 55,32 = 99,5 kg.

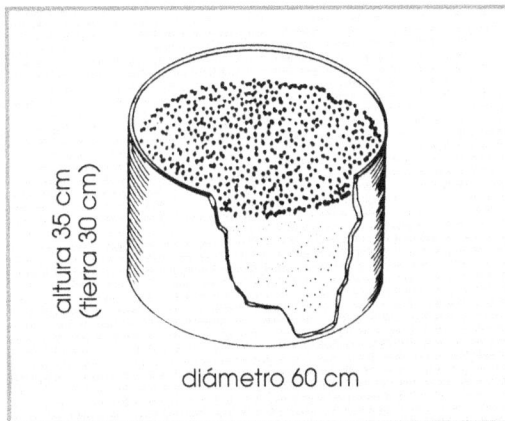

Cálculo del peso de la tierra de una maceta circular

Cuando la forma no es cilíndrica, es necesario obtener antes la medida de las dos superficies.

—*media* de los diámetros externos: $(5 + 3) : 2 = 4$ dm;
—*área* de la base: $4 \infty 3,14 = 12,56$ dm²;
—*volumen*: $14,56 \infty 43,96$ dm³;
—*peso total* del volumen de tierra seca: $1,1 \infty 43,96 = 48,356$ kg;
—*peso total* del volumen de tierra mojada: $1,8 \infty 43,96 = 79,128$ kg.

El riego

Las hortalizas necesitan agua abundante para disolver y hacer disponibles los nutrientes del suelo. No es posible dar indicaciones sobre la periodicidad de los riegos, porque intervienen múltiples factores. Es preferible utilizar la experiencia, la observación y el resultado productivo.

Por lo general, de la germinación en adelante las necesidades hídricas aumentan de forma gradual hasta un punto máximo que coincide con el total desarrollo foliar, y decrecen desde la maduración hasta la finalización del ciclo vital, que termina con la producción de la semilla.

La tierra, según sus características de composición y de estructura, tiene una capacidad de retención hídrica variable. La densidad del cultivo reduce la evaporación del suelo, pero requiere un volumen de agua proporcional al aumento de producción. Por otro lado el riego, cuando no se abona lo suficiente, es tan perjudicial como una fertilización abundante que no va acompañada del suministro de agua necesario para la disolución de las sales.

El clima, la exposición, la marcha estacional y la ventilación aumentan o reducen, según el caso, las exigencias hídricas de las hortalizas, y de esto depende la mayor o menor necesidad de riego.

El suelo debe mantenerse con consistencia grumosa, blando y fresco, sin encharcamientos que puedan asfixiar las raíces y bloquear los procesos de humidificación. Un suelo empapado en la justa medida debe ceder ligeramente a la presión de los dedos, sin mostrarse compacto ni rezumar agua. Es importante la regularidad en el suministro hídrico, ya que la alternancia de sequía y humedad provoca malformaciones en raíces y frutos.

La calidad del agua afecta a la composición y la acidez del suelo, la absorción de sales nutritivas por parte de las hortalizas y su salubridad cuando se dan altos porcentajes de contaminación. El agua corriente, aunque contiene cloro y, en muchas zonas, cierta dureza, resulta apta para el riego del huerto. La dureza se debe a la presencia de sales de calcio y de magnesio que, en el terreno, se adhieren al hierro haciéndolo inservible para la función clorofílica; indirectamente esta es la causa de la palidez y las manchas decoloradas en las hojas.

Son muchos los factores que influyen en las necesidades hídricas de las hortalizas

La temperatura del agua de riego, si es demasiado baja respecto a la ambiental, puede detener el crecimiento y la producción de las hortalizas y destruir las semillas. Lo ideal es el agua a temperatura ambiente o ligeramente tibia para las plantas en fases iniciales. Si se necesitan cantidades modestas, se pueden dejar reposar unas horas antes de su empleo. Con el riego subterráneo y el goteo, la permanencia o el lento discurrir del agua es más que suficiente para conseguir un equilibrio térmico, pero el riego por aspersión presenta grandes riesgos, sobre todo porque afecta a las hojas. El agua del grifo tiene una temperatura muy estable (alrededor de 15 °C) y disminuye un poco a su paso por las tuberías; resulta ideal en invierno pero peligrosa en verano.

Cuando se adopta el riego por aspersión temporal, es necesario ajustarse a los horarios más oportunos para la distribución. En verano se riega por la mañana temprano o de noche si el huerto está sometido a una fuerte insolación y tarda en enfriarse. Al final del otoño y en invierno se riega a mediodía para evitar que el agua no absorbida se hiele durante la noche. Nunca deben mojarse las hojas expuestas al sol o al viento, pues la rápida evaporación produce una fuerte pérdida de calor del terreno y de las plantas.

Al regar, nunca hay que mojar las hojas si están expuestas al sol o al viento

El huerto de terraza se presta a técnicas de regadío avanzadas, difundidas en el cultivo industrial y convenientes para el tratamiento de las plantas y el ahorro de agua y trabajo. Antes de examinar estas técnicas, veamos las normas básicas para la distribución racional del agua.

En cada riego el suelo debe quedar empapado total, uniforme y simultáneamente, pues una distribución irregular hace que los nutrientes disueltos y transportados por el agua se acumulen en determinadas zonas hacia las que se desarrollarán las raíces, que no se repartirán en el espacio del que disponen, de por sí reducido. El riego de jardineras se efectúa mediante una regadera con agujeros muy pequeños, ya que los chorros gruesos forman un hueco a través del cual el agua se cuela rápidamente, descubriendo las raíces. Si es posible, se coloca el agua en bandejas bajo los recipientes para aprovechar su efecto de capilaridad, notable hasta 20 cm y mínima a partir de 30 cm.

El riego por aspersión practicado con una manguera de chorro regulable y lo más nebulizado posible, con aparatos rotantes u oscilantes, o mediante tubos provistos de inyectores, tiene efectos benéficos sobre el terreno y sobre las hojas porque favorece la oxigenación; también realiza

una función reguladora contra la excesiva sequedad del aire y contra el hielo, siempre que se respeten las normas relativas a la temperatura.

El riego por goteo consiste en llevar el agua a cada planta de forma continuada o intermitente por una red de tuberías agujereadas: así, el agua es usada por los vegetales de modo gradual y se evita la evaporación y la dispersión subterránea. Esta técnica de ahorro elimina la posibilidad de fuertes variaciones térmicas debidas a la temperatura del agua. Las mangueras de plástico agujereadas se basan en el mismo principio y son una solución satisfactoria y económica, aunque no definitiva.

El riego subterráneo se realiza mediante la instalación, a una profundidad de 30 cm, de tubos de material poroso en los que hay agua a baja pre-

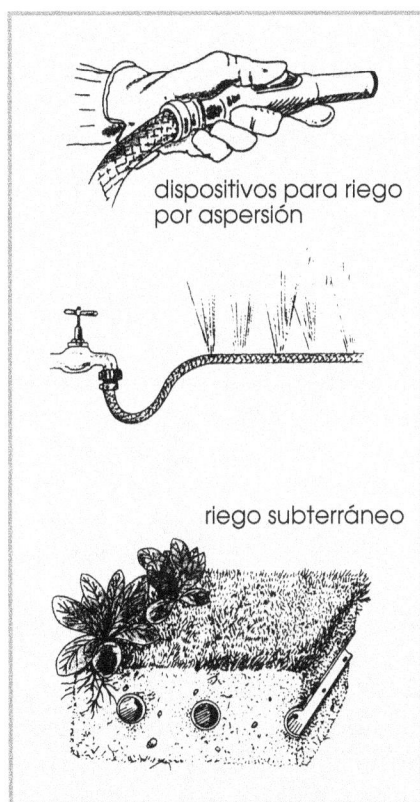

dispositivos para riego por aspersión

riego subterráneo

Sistemas de distribución del agua

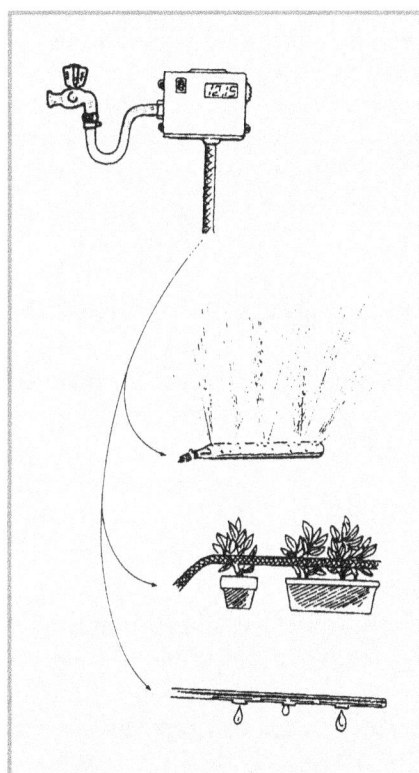

Aparato para la programación de los diferentes tipos de riego

sión. Este sistema aprovecha la ascensión del agua por capilaridad. Conforme el terreno se seca en torno a los tubos, estos ceden agua.

El riego programado se puede efectuar con todos los sistemas de distribución descritos mediante temporizadores. Existen además aparatos que se instalan en la toma de agua y que automatizan el riego fertilizante y los tratamientos antiparásitos y desinfectantes.

Entre los medios para disminuir el consumo hídrico recordamos, además de las técnicas de riego modernas, el sombreado (obligatorio para los semilleros), los trasplantes a raíz desnuda y el empajado.

El riego de socorro prevé la reparación. Las hortalizas denuncian la carencia hídrica con el aflojamiento y el marchitamiento del follaje, el encorvamiento de los tallos y la caída de flores y frutos. En plantas muy deshidratadas por sequía prolongada, insolación excesiva o viento persistente, las esperanzas de recuperación son pocas. Hay que intervenir antes de que los daños sean irreversibles: se sombrean las plantas, se rocían (incluso la parte aérea) con agua a temperatura ambiente o tibia si el sol está alto. Es importante suministrar el agua si el sol está alto en cantidades mínimas y a intervalos, esperando que haya sido completamente absorbida antes de repetir la operación.

La protección del huerto en la terraza

El empleo de sistemas de protección del huerto puede reducirse a la defensa de los cultivos frente a eventos metereológicos anormales (viento impetuoso, lluvias torrenciales, granizo, escarcha y nieve) o puede servir para crear un ambiente más favorable, anticipar la siembra y el trasplante o prolongar en otoño el periodo de cosecha. Muchos de los materiales empleados para la protección de los cultivos realizan varias funciones: la película de plástico protege del frío, la lluvia, la escarcha y la nieve; si está reforzada, resiste el granizo, y si está bien fijada a los soportes, también el viento; las transparentes dejan pasar el sol, produciendo efecto invernadero; las negras sombrean y acumulan calor. Las esteras de paja tienen una función sombreadora, pero también protegen del frío, el granizo y el viento, y atenúan la violencia de la lluvia. Las redes de plástico, según las medidas del entramado, protegen del granizo y el viento, sombrean y evitan las incursiones de pájaros.

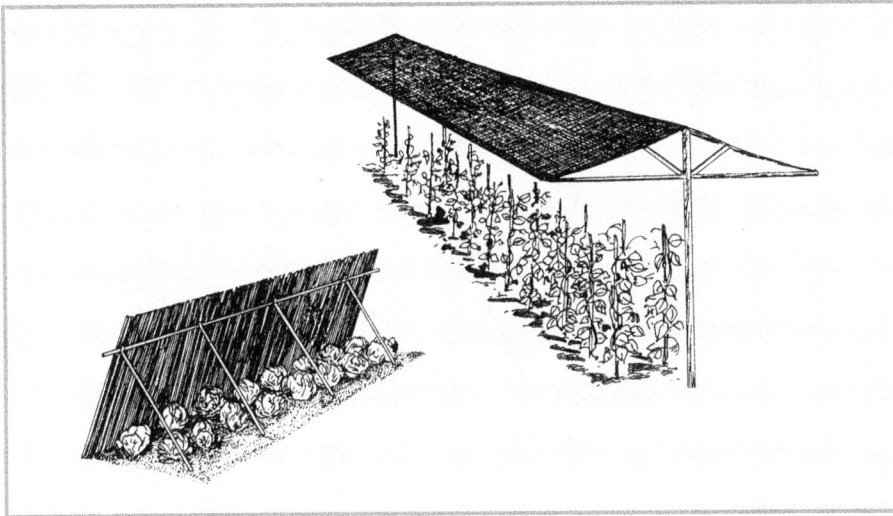

Estructura de cañas con función protectora del viento. Red antigranizo de material plástico

Los materiales pueden fijarse a estructuras de soporte móviles o fijas. La estructura más económica y cómoda es el túnel, unos arcos de hierro plastificado sobre los que se extiende una película plástica. Para que resulte estable, los arquitos se clavan muy profundos, por los extremos, perpendiculares al suelo. La tela plástica se fija a los lados con piedras y, si es necesario, se entierra a lo largo del margen para evitar que el viento penetre en el túnel y la levante. Por sus características, los túneles son adecuados como estructuras móviles, para montar y desmontar o para trasladar de un arriate a otro. La protección de los contenedores puede realizarse reuniendo cierto número de ellos bajo un túnel común, pero esto no es suficiente como defensa del frío, ya que las raíces permanecen igualmente expuestas. Sería necesario envolver también los contenedores, pero estas medidas comportan un trabajo desproporcionado a los resultados, por lo tanto, reservaremos el cultivo de hortalizas en macetas para la buena estación. La utilidad de una gran estructura fija, de una altura mínima de 2 m, consiste ante todo en la posibilidad de proteger también hortalizas trepadoras y de grandes dimensiones que, justo en el periodo de máxima producción, pueden resultar dañadas por el granizo. Contra los vientos fuertes conviene construir a lo largo del flanco de

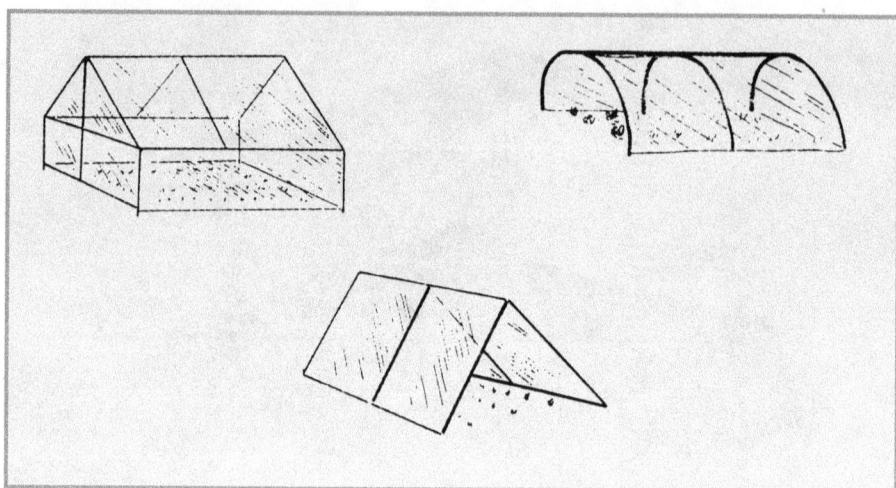

Túnel desmontable

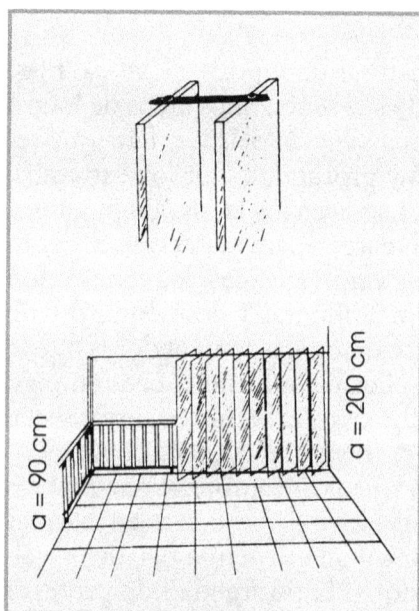

Pared para la defensa del viento, compuesta por elementos móviles de material transparente

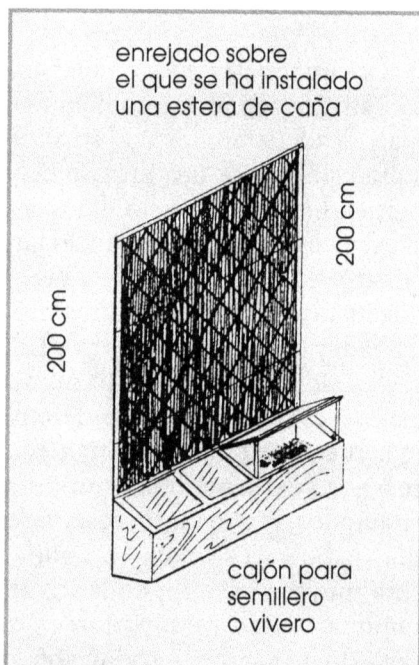

enrejado sobre
el que se ha instalado
una estera de caña

200 cm

200 cm

cajón para
semillero
o vivero

Cajón con pared cortaviento

donde soplan una pared cortavientos, formada por un armazón de cañas que pueden enrollarse cuando no sea necesario. Donde este tipo de protección supone la eliminación de sol o de luz, sólo queda elevar una pared de cristal, formada preferiblemente por elementos plegables sobre sí mismos.

El mantenimiento de los materiales de defensa del huerto es necesario para prolongar su duración, no disminuir su funcionalidad y evitar que se conviertan en un medio de difusión de enfermedades. Los materiales plásticos deben colocarse de nuevo tras lavarlos con agua y jabón y secarlos; a menudo se forma un limo rico en esporas de hongos y bacterias a lo largo de los bordes. Las telas de plástico deben renovarse con frecuencia, por lo que es preferible adquirir telas baratas y finas y sustituirlas a menudo. Las esteras de paja y los armazones de cañas albergan con facilidad larvas, insectos y sus huevos, por lo que deben ser cepilladas, lavadas y tratadas con insecticidas.

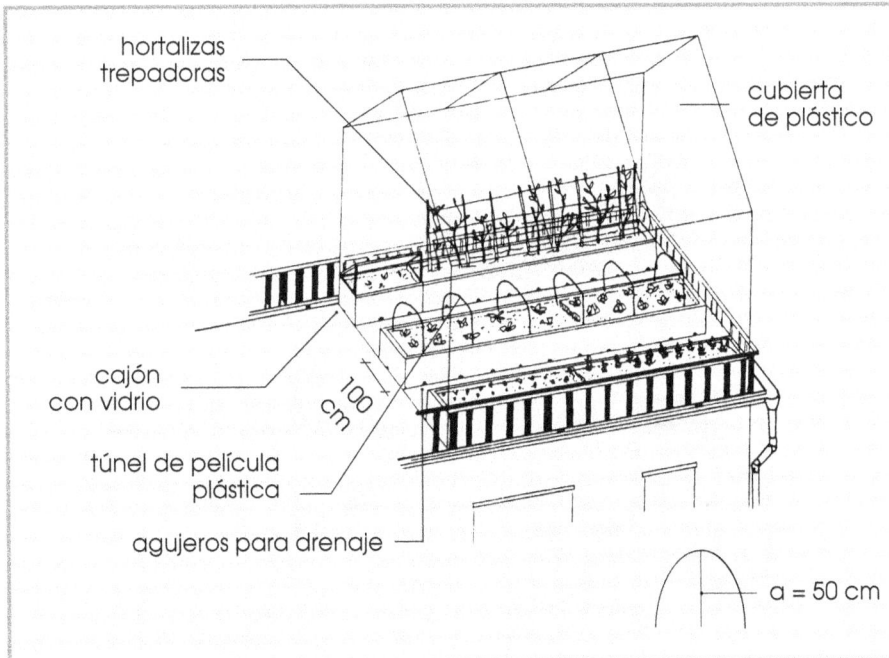

Protección total y parcial del huerto en la terraza

Medios de sostén

La explotación intensiva del huerto se basa, entre otras cosas, en el cultivo de variedades de hortalizas de porte alto, capaces de mejorar la relación entre producto y espacio. Es indispensable ofrecer a estas hortalizas el sostén necesario para evitar que los troncos se reclinen sobre el suelo y permitir que el follaje se distribuya regularmente para recibir con uniformidad el aire y el sol. El sostén es aconsejable también para especies en que la desproporción entre el desarrollo del follaje y del tronco, agravada a menudo por el peso de los frutos, compromete la estabilidad de la planta.

Los medios de sostén deben responder a requisitos funcionales y estéticos: ligereza, robustez, duración, higiene y elegancia. Las estacas de plástico verde o las cañas de bambú son la solución más racional y agradable; se usan como tutores para macetas y jardineras y como soporte para espalderas de alambre y red. Los tutores se clavan en el suelo en el momento

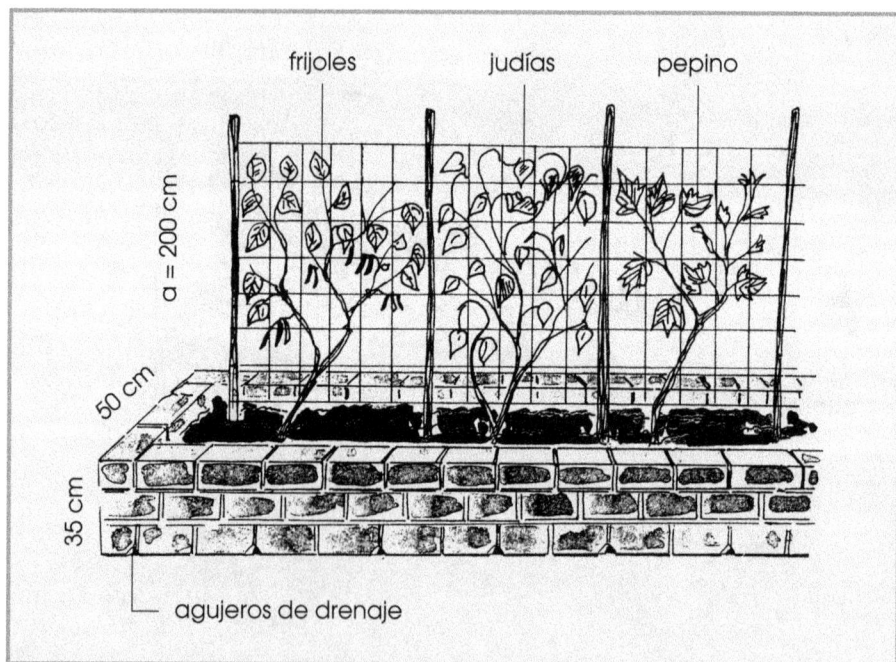

Sostén para hortalizas trepadoras

de la siembra o del trasplante para no dañar las raíces. Las espalderas pueden colocarse más tarde, pero es preferible hacerlo con antelación a la siembra. Lo ideal es establecer ya en la fase de proyecto qué hortalizas necesitadas de sostén se desean cultivar, asignar a cada una el lugar más adecuado y colocar los sostenes para evitar el trabajo en cada estación.

El proyecto del huerto en la terraza

Cultivar hortalizas en la terraza o el balcón supone tener que resolver problemas de carácter técnico y decorativo. El orden y la armonía en la disposición de los arriates y los contenedores, la unificación de los medios de defensa y de sostén, la colocación estética de las hortalizas sin ignorar sus necesidades, son requisitos indispensables del huerto en la terraza. Los criterios sobre los que basar el proyecto deben tener en cuenta la superficie disponible y su forma.

Los arriates o los cajones rectangulares agrupados, pueden formar una hilera continua a lo largo del contorno de la terraza o concentrarse en el centro cuando resulte más útil dejar libre el acceso a la barandilla. En los

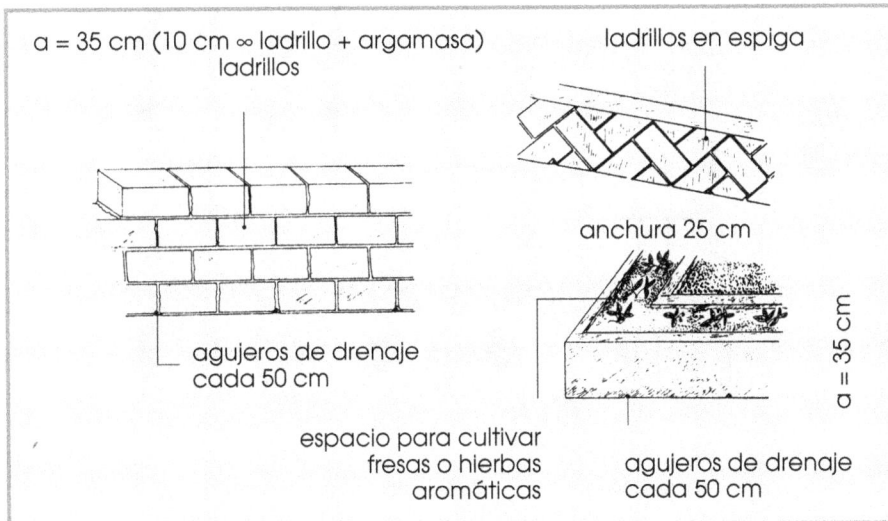

Realización de arriates mediante muritos

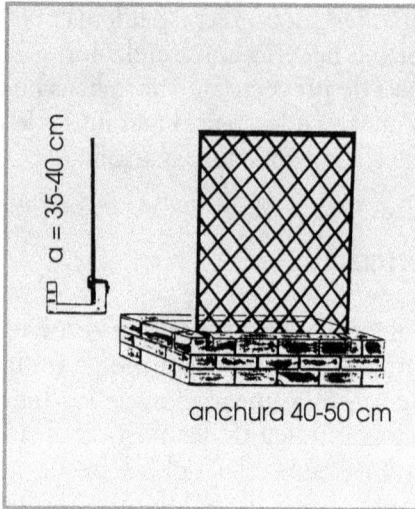

Cajón provisto de enrejado para separar la zona de recreo de la terraza

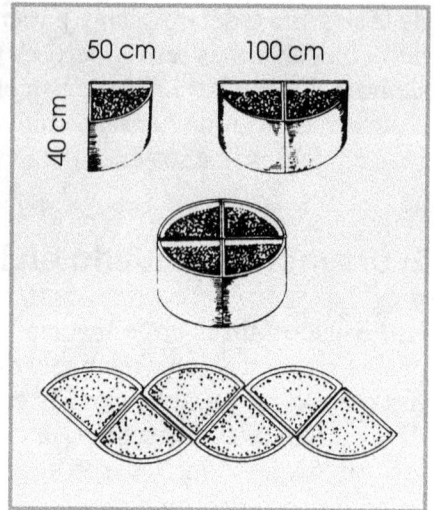

Macetas para composiciones dispuestas a manera de gajos

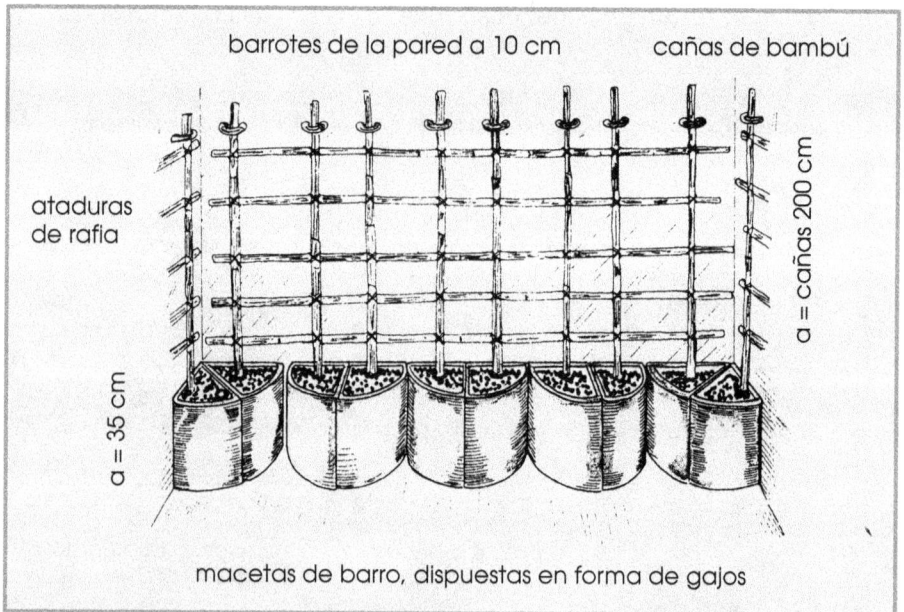

Solución ornamental

patios, la zona de recreo se puede separar del huerto con una pared de judías, patatas americanas, calabacines, etc.

Cuando la superficie es cuadrada, el mobiliario de la terraza puede quedar bien en el centro, cultivando las hortalizas en grandes macetas de barro que se pueden combinar según los gustos. En cualquier caso, las hortalizas trepadoras o altas deben colocarse de manera que no sombreen a las más bajas. Se puede obtener un efecto agradable cultivando las hortalizas en hileras según su altura, por ejemplo: judías, berenjenas y por último, lechugas o rabanitos como orla.

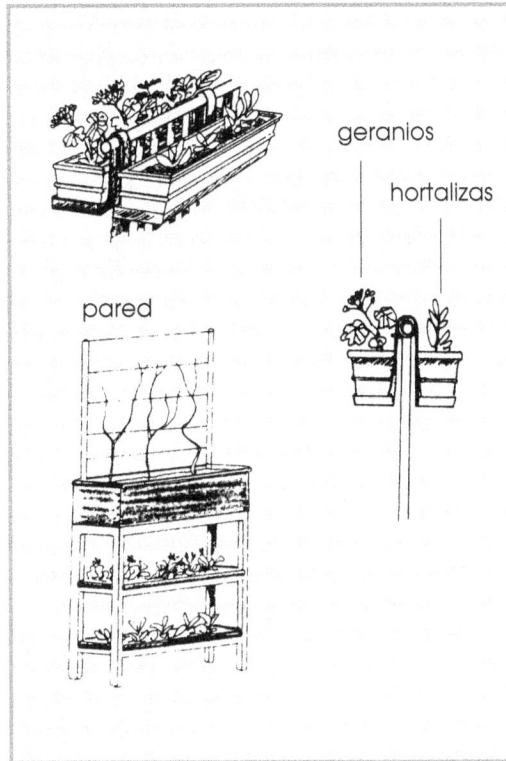

Solución para que las hortalizas superen la zona de sombra

La organización del huerto en la terraza

El rendimiento de un huerto depende de una sabia organización. El abonado y la rotación son dos prácticas tradicionales que permiten aprovechar la fertilidad del suelo. Nosotros nos limitaremos a dar a los términos abonado y rotación su significado más elemental: el del cultivo de dos o más especies diferentes en el mismo arriate y la sustitución rápida de una hortaliza al término de su producción por otra a punto de comenzar un nuevo ciclo.

Hay una regla fundamental que prohíbe plantar juntas hortalizas que por sus características necesiten los mismos aportes orgánicos. Nunca se deben cultivar juntas las hortalizas de igual raíz o de follaje igualmente

amplio, o cultivar en ciclos sucesivos una misma especie o especies análogas en una misma parcela, sino alternarlas con otras de exigencias opuestas. Esto siempre que sea posible, porque es evidente que hortalizas como las judías y guisantes que necesitan sostén y que podrían hacer sombra a las demás, tendrán un lugar fijo.

Abonado y rotación coinciden, por ejemplo, cuando se siembra o se colocan plantones entre hortalizas en fase de descenso de su ciclo productivo que pronto dejarán el espacio libre a un nuevo cultivo. En primavera y verano, cuando es amplísimo el número de especies hortícolas cultivables, excluiremos aquellas hortalizas cuyo producto se obtiene extrayendo la planta entera y que además ocupan el terreno mucho tiempo: acelgas, coles, patatas, nabos, cebollas, etc.; hagamos una excepción en el caso de las zanahorias y rábanos, que producen en abundancia, con rapidez y en poco espacio y se pueden sembrar varias veces. Las «engorrosas» las reservaremos para el otoño y el invierno, ya que se adecuan a temperaturas relativamente bajas.

En horticultura se oyen con frecuencia los términos de hortalizas precoces, semiprecoces o tardías, relativos a la duración del ciclo productivo. Las precoces tienen un ciclo productivo breve y son adecuadas para las zonas de verano corto o para siembras tardías donde el clima permite madurar el producto antes del invierno. Las tardías tienen un ciclo productivo lento y se usan para las siembras en campo abierto, o para las siembras otoñales, que se cosecharán a final del invierno. En la terraza las usaremos para este último objetivo, de manera que entren en reposo, y por lo tanto resistan al frío, durante el periodo más duro. Las hortalizas semiprecoces tienen características intermedias.

El método de multiplicación empleado es determinante para la realización de un cultivo intensivo. Una buena regla es sembrar sólo las hortalizas que no se prestan al trasplante o de las que es necesaria una gran cantidad de plantas para obtener una buena cosecha (lechugas, hierbas aromáticas, espinacas, zanahorias, etc.). Para el resto, apenas lo permitan las temperaturas se pueden trasplantar los plantones arraigados. En abril y mayo se pueden comprar plantones de berenjena listos para trasplantar. La calidad del material constituye una garantía para el éxito del cultivo.

Los plantones se ponen a la venta con el cepellón o pan de tierra si provienen de la siembra en contenedores, o a raíz desnuda si se han extraído de viveros en plena tierra o han sido obtenidos mediante aclareo.

Los plantones a raíz desnuda tienen a menudo tallos filamentosos (largos y muy delgados) a causa de las semillas magulladas de las que proceden. Es más difícil y largo el trabajo del trasplante, e inevitable la crisis de arraigo, que comporta un retraso de la frase productiva.

Si se visitan con frecuencia los viveros de la zona, se comprenderá que ponen a la venta las hortalizas que se pueden plantar en ese momento con-

Las hortalizas que no toleran el trasplante se siembran en su lugar definitivo y se protegen de las inclemencias

creto del año. En el vivero se debe tener preparada una reserva de plantones adquiridos con cepellón, destinados a reemplazar las hortalizas dañadas, retrasadas o agotadas demasiado pronto.

Los semilleros deben llenarse de tierra hasta el borde, de lo contrario los plantones crecerán débiles y tendrán que buscar la luz

En la terraza se puede conseguir una razonable anticipación de los cultivos con el empleo de túneles o cajones, adecuados para mitigar las variaciones térmicas. Pero una anticipación excesiva es inútil cuando la temperatura ambiente, aunque tolerable, se aparta demasiado de la idónea. En estas condiciones la adaptación es larga y difícil, y casi siempre el *shock* inicial incide negativamente sobre el desarrollo, la robustez y la productividad de las hortalizas.

Métodos de multiplicación de las hortalizas

Para obtener plantones, apenas la temperatura lo permita es necesario efectuar siembras anticipadas y protegidas. En cantidades modestas se pueden sembrar en casa, donde la temperatura es suave. Pero en enero y febrero la duración e intensidad de la luz no son suficientes para garantizar la producción de plantones robustos, y la iluminación artificial es muy cara.

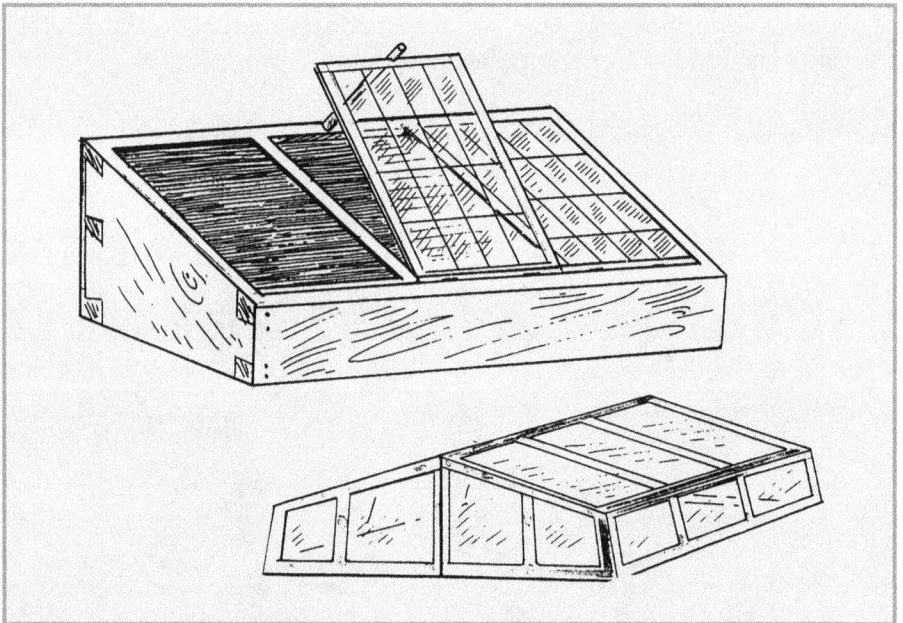

Cajón de madera para cultivos forzados y cajón metálico

La siembra en contenedores es útil para sustituir alguna planta dañada de las hortalizas que, tras un periodo, no se encuentran a la venta, o para preparar un nuevo cultivo de otras especies. Las siembras deben efectuarse dentro de los límites indicados, de lo contrario no se alcanza a tiempo el estadio productivo. También judías y guisantes, de los que no se encuentran en el mercado plantones arraigados, pueden sembrarse en contenedores a fin de conseguir una anticipación de la producción. Se necesitan vasitos, sueltos o unidos, de diferentes materiales: los de plástico son muy ligeros, baratos y pueden utilizarse otras veces; los de turba prensada (para rellenar con tierra) y, aún mejor, los discos de estiércol desecado, que se inflan a la vez que se desarrolla el brote, facilitan el trasplante, ya que se entierran con el plantón y se deshacen, mejorando el terreno a medida que las raíces lo atraviesan.

El substrato de siembra debe tener grana más fina y consistencia más blanda que la del huerto para que las raicillas consigan abrirse paso y el brote suba con facilidad. Conviene adquirir tierra adecuada, ya esterilizada y abonada en relación con las exigencias de los plantones en su primer estadio vital. Se emplean vasitos de 6 a 10 cm de diámetro según las dimensiones de las semillas; se rellenan parcialmente, calculando la profundidad de la siembra indicada para cada especie con la superficie a un centímetro del borde; se golpean varias veces contra el fondo sobre el plano de trabajo y se sumergen en una bandeja llena de agua hasta que la superficie del suelo esté uniformemente húmeda; se extraen y se dejan escurrir. De esta manera, el substrato se asienta y se evita que las semillas se muevan o se vayan al fondo. Finalmente se siembra, se cubren las semillas con el estrato necesario de tierra y se colocan de nuevo los vasitos en el recipiente, del que se habrá extraído el agua.

Durante la delicada fase de germinación se debe mantener una humedad moderada y constante en el substrato y en la atmósfera circundante, protegiendo las semillas de la evaporación con túneles, viveros u otras cubiertas a medida. Se puede favorecer la humedad ambiental con una capa de arcilla extendida sobre las macetas y mantenida húmeda.

La ventilación de los semilleros es necesaria para el recambio de oxígeno y la eliminación de la humedad excesiva que se condensa en las paredes y cae sobre los foliolos, que pueden pudrirse o llenarse de moho; es preciso levantar las protecciones una vez al día durante unos minutos en las horas más cálidas. Las semillas en fase de germinación necesitan poca luz, pero

Es conveniente dejar sólo una planta por recipiente lo más pronto posible

cuando despuntan hojitas nuevas, hay que aumentar la luz gradualmente sin exponer los vasitos al sol directo, porque las plantas jóvenes no tienen el aparato radicular suficientemente desarrollado para absorber el agua perdida por evaporación, y el calor y la humedad provocarán el cocimiento en los brotes. La aparición de las hojas definitivas y la reabsorción de la semilla revela que las plantas se han hecho autónomas: ya pueden alargarse los tiempos de aireación. Si hemos dejado caer demasiadas semillas, extraeremos apenas sea posible los plantones sobrantes, dejando una sola por vasito, si se trata de tomates, berenjenas, pimientos, calabacines o similares, y tres o cuatro en el caso de las legumbres (operación de aclareo). En general, las plantas están listas para el trasplante cuando han formado el pan, lo que corresponde a una altura de al menos 10 cm y a la presencia de 5 o 6 hojas.

La siembra directa en tierra se reserva para las hortalizas que no toleran el trasplante o para aquellas de las que se necesita una gran densidad para obtener una buena cosecha (zanahorias, rábanos, lechugas, espinacas, perejil, etc.). El suelo debe ser blando, de grana fina para las semillas pequeñas y relativamente grumoso para las grandes. El mantillo universal es adecuado si está limpio de residuos de cultivos anteriores. La distribución se efectúa a voleo o con un *sembrador*. La semilla queda en la superficie y se cubre con una capa de mantillo de espesor variable según la profundidad necesaria, distribuido con un cedazo. Conviene apretar ligeramente la superficie con una tablita para evitar que el agua arrastre las semillas. Sin embargo, es difícil conseguir una distribución uniforme con la siembra a voleo. La siembra lineal es más razonable: se siembra en surcos u hoyos distanciados según la necesidad de espacio de las hortalizas adultas. El recurso de mezclar la simiente con el mantillo de siembra seco, para favorecer la regularidad de la distribución, es indispensable cuando se necesitan cantidades pequeñas de semillas diminutas. Es preciso mantener húmedo el sus-

Siembra a voleo. (Dibujo de Juan Cataño)

trato, evitar la evaporación en los brotes y sombrear. Si se siembra en línea, el empajado puede dejarse puesto, mientras que en las siembras a voleo hay que retirarlo apenas aparecen los brotes.

El aclareo se realiza cuando los plantones han alcanzado una altura mínima de 3 cm y han emitido al menos 4 o 5 hojas, aunque las reglas varían según la especie. La extracción debe efectuarse con el suelo empapado. Los mejores plantones pueden volverse a plantar en espacios vacíos.

El trasplante de plantones arraigados se realiza en todos los casos en que no es obligada la siembra directa. Los plantones pueden ser con cepellón o a raíz desnuda. Son preferibles los plantones más bajos, con el tallo corto y recto, a los altos y con más hojas pero débiles. Para asegurarse de que los plantones sembrados en los recipientes han formado pan, se ejerce una leve tracción sobre el tronco cuando la tierra está húmeda. Si se advierte cierta resistencia, y golpeando el borde del recipiente en la superficie de trabajo o empujado con una varilla por el agujero de drenaje la planta sale con el pan íntegro, está lista para el

trasplante. No es conveniente esperar a que demasiadas raicillas proliferen hacia el exterior de los recipientes; si hay que posponer la operación conviene trasladar los plantones a macetas más grandes donde se rehaga el pan. A la colocación en tierra de plantones con el pan no se denomina trasplante sino plantación, pues se trata de un simple traslado que no conlleva crisis de arraigo. En el terreno limpio, allanado, rastrillado y moderadamente húmedo, se efectúan hoyos de la amplitud adecuada con el plantador; se introduce el cepellón con el plantón derecho y se aprieta la tierra de alrededor con cuidado. El cuello, punto de inserción de las raíces en el tallo, debe permanecer al nivel de la superficie, salvo las especies que exigen condiciones diferentes. Si la tierra no está lo bastante húmeda para adherirse bien al cepellón, se riega ligeramente con un chorro muy fino o se pone en marcha el riego por goteo.

El trasplante de plantones de raíz desnuda es más delicado. Es muy importante la inmediatez del proceso entre la compra y la plantación. Si la temperatura es alta, y el viaje del vivero a casa largo, es aconsejable colocar los paquetitos de plantas en un recipiente con un poco de agua en el fondo y envolver las hojas con un papel que debe mantenerse húmedo; y si no es posible efectuar el trasplante ese mismo día o si los plantones están ligeramente mustios, se plantan de uno en uno en recipientes con mantillo adecuado y se mantienen protegidos del sol y del viento. Se riega el mínimo ne-

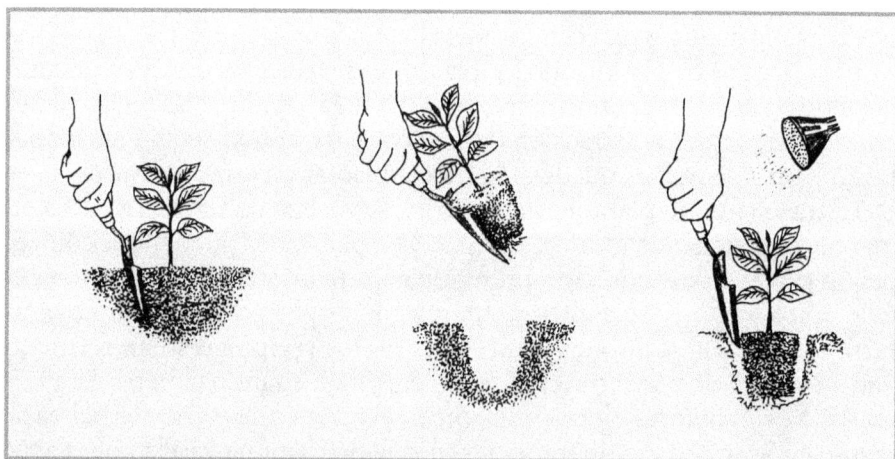

Trasplante de plantones con cepellón

cesario, no se abona y se aplaza la plantación para cuando los tallos se hayan enderezado y las hojitas estén turgentes de nuevo; mejor esperar a que hayan despuntado hojas nuevas. Esto indicará que se ha formado el cepellón.

La plantación de ejemplares a raíz desnuda comporta siempre una detención temporal del desarrollo debida a la «crisis del arraigo». La operación debe realizarse por la tarde o con

El trasplante de plantones a raíz desnuda es un proceso muy delicado

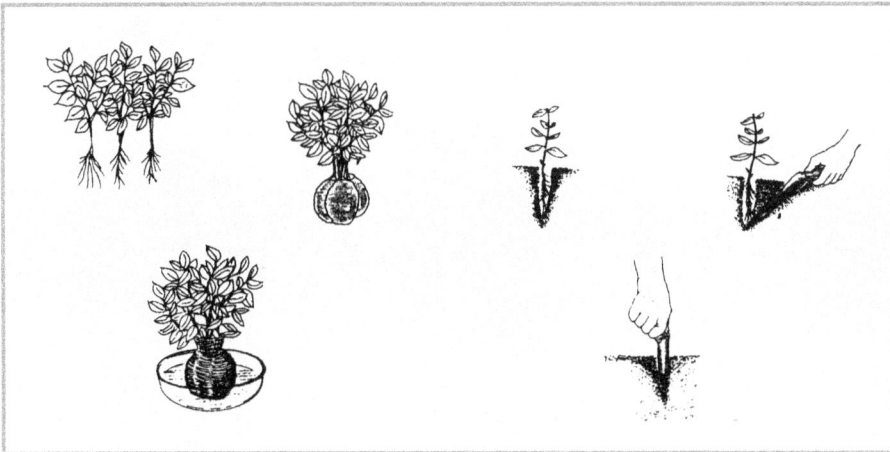

el cielo cubierto; es indispensable mantener los plantones a la sombra hasta que su aspecto indique que han superado la crisis. Se agujerea el terreno con el plantador, se echa un poco de agua, se espera a que desaparezca y se introducen las raíces bien extendidas y rectas, con cuidado de no

Tratamiento de las plantas de raíz desnuda, en espera de su colocación en tierra y posterior trasplante

lesionarlas; se rellena el agujero y se oprime con cuidado la tierra en torno a la base del tallo. Este debe encontrarse en posición vertical, pero si no es así no conviene extraerlo y replantarlo de nuevo, ya que si la tierra se adhiere bien a las raíces, la plantita se enderazará en breve. El cuello debe quedar a la altura de la superficie salvo indicación contraria, pero si los plantones débiles se entierran levemente, emiten nuevas raíces que las hacen más estables y aumentan su capacidad de absorción. Conviene también, al menos al principio, ayudarlas a sostenerse atándolas a un bastoncillo clavado de manera que no dañe las raíces.

La ayuda a las plantas en crisis de trasplante supone algunas intervenciones. Las crisis con sus síntomas exteriores denuncian un escaso o nulo funcionamiento de las raíces, por lo tanto el agua puede provoca podredumbre si las plantas no la absorben y se estanca. Es necesario eliminar las causas que obligan al aparato radicular a trabajar, en especial la evaporación y la transpiración foliar. Se sombrea, se reduce el follaje cortando en la base las hojas más grandes y todas las que están claramente mustias; se respetan, en cambio, los ápices vegetativos de los que depende el crecimiento en altura de la planta, pero se practica la poda si es necesaria para provocar la ramificación.

Riego de socorro

LABORES DE CULTIVO

Las labores de cultivo afectan tanto al suelo como a las plantas; la mayor parte de las intervenciones requieren cierta frecuencia y regularidad. Para algunos trabajos es necesario poseer herramientas adecuadas para el cultivo en arriates.

La *escarda* o *bina* es una operación que debemos realizar con mucha frecuencia, apenas percibamos que el suelo tiende a formar costra superficial debido a las lluvias intensas o riegos con chorro grueso. Debe abarcar un estrato muy delgado del suelo para no lesionar las raíces. Sobre una superficie compacta, el agua resbala hacia fuera o permanece hasta su evaporación. Además, un suelo compacto no retiene la humedad que eventualmente contenga, ya que el agua asciende por capilaridad y se evapora; por lo tanto, la escarda es necesaria tanto en caso de irrigación subterránea como para eliminar malas hierbas con sus raíces, pero no puede realizarse en todos los casos, ya que puede dañar el aparato radicular, que en algunas hortalizas tiende a desarrollarse a muy poca profundidad.

El *recalce* consiste en amontonar algo de tierra

Recalce de cebolla

blanda al pie de la planta o para proteger las raíces del frío o del calor y la evaporación, evitar el estancamiento de agua en la base del tronco en caso de lluvia prolongada, aumentar la estabilidad de las plantas provocando la emisión de las raíces adventicias en el cuello y favorecer el blanqueo de hortalizas como hinojos, puerros, etc.

El *rastrillaje* supone la rotura y el desmenuzamiento del estrato superficial. Es necesario para preparar una superficie uniforme y libre de restos vegetales antes del trasplante y, sobre todo, antes de la siembra. Las zanjas y demás soluciones de continuidad tienen como resultado la distribución desordenada de agua y abono, lo que provoca diferencias evidentes de desarrollo y robustez entre ejemplares de un mismo arriate.

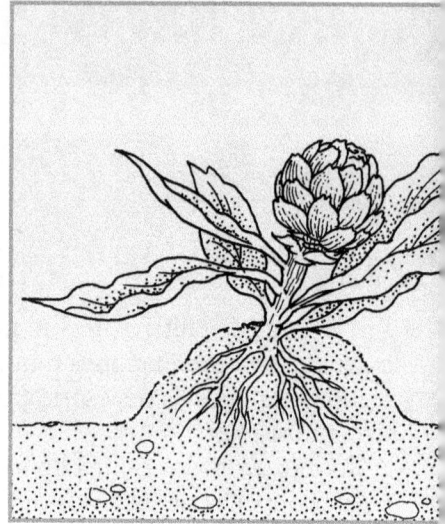

Recalce de alcachofa. (Dibujo de Juan Castaño)

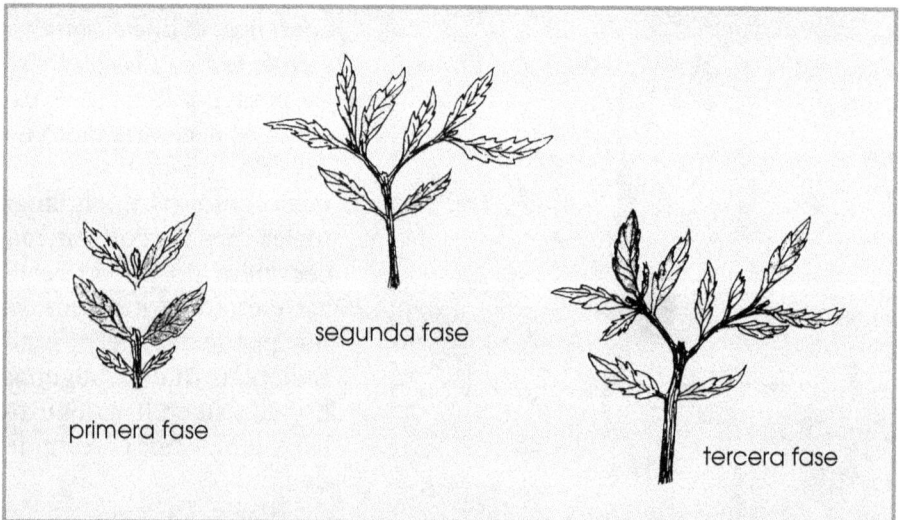

segunda fase

primera fase

tercera fase

Efecto de la poda

La *poda* consiste en cortar el tallo principal o los secundarios, a diferentes alturas y con limitaciones, en las especies que lo requieren para estimular la emisión de nuevas ramas y, en consecuencia, la producción; también se suele cortar una rama por encima de un fruto en formación para aumentar su tamaño, al concentrar en él la savia. La poda se puede aplicar a todas las plantas que, por cualquier motivo, tardan en desarrollar una buena estructura.

Escamonda

La *escamonda* consiste en la supresión de los brotes que se desarrollan en las axilas de las ramificaciones de algunas especies como el tomate, para contener el desarrollo vegetativo en favor de la producción.

El *deshierbe* del huerto en la terraza no suele ser un problema y es fácil evitar que se extiendan. El viento y los pájaros también son habilísimos diseminadores, por ello en la terraza podremos encontrar especies procedentes de avenidas y zonas verdes urbanas.

Es muy sencillo eliminar estas hierbas arrancándolas periódicamente e impidiendo que maduren las semillas, condición indispensable para su difusión, pues son especies anuales. Para favorecer la germinación de las eventuales se-

Escamonda de tomatera

Escamonda de planta de berenjena

millas y poder extirpar los plantones, se mantiene el suelo moderadamente húmedo. Después, la escarda y la recogida manual son suficientes para mantener los arriates limpios. Las hierbas arrancadas deben ser retiradas, pues su descomposición se efectúa a expensas del nitrógeno de la tierra, que sustraen a las hortalizas.

Si para preparar el sustrato hemos empleado tierra de un huerto o un jardín, seguramente contendrá semillas u órganos subterráneos de malas hierbas que esperan el agua, los abonos y la temperatura adecuada para germinar. Si no es posible esperar hasta que aparezcan para eliminarlas, se recurre al tratamiento con calor seco o húmedo.

El *empajado* es una práctica de aplicaciones tan variadas y numerosas que es difícil asignarle un lugar entre los cuidados del huerto. Es un medio eficaz en la defensa del frío, el ahorro de agua mediante la reducción de evaporación y la protección de semilleros y trasplantes, impide la formación de costra superficial y la difusión de malas hierbas.

Puede realizarse con diferentes materiales: la lámina de plástico negro es útil para dar sombra y no dificulta el riego, pero impide la acumulación de humedad nocturna y el paso de la lluvia. Las hojas descompuestas (en caso contrario sustraen nitrógeno) pueden servir, pero son

Preparación para la siembra: empajado de plástico y colocación de tutores

vehículo de enfermedades y el viento las arrastra con facilidad. La paja presenta los mismos inconvenientes, y su descomposición es más lenta. La turba es un material óptimo porque es aislante y estéril, pero va quedando enterrada y a la larga cambia las características del suelo, dañando las hortalizas. Existe un material biodegradable de celulosa y turba de fácil colocación, dura el tiempo necesario y al final se deshace. El empajado con láminas de plástico debe realizarse antes de comenzar el cultivo, agujereándolo a las distancias oportunas para trasplantar o sembrar en hoyos.

La fertilización

En el suelo existen numerosos elementos que forman parte de su composición o son aportados con los abonos; algunos (nitrógeno, fósforo, potasio, calcio, magnesio, hierro, azufre) participan en la producción de la materia orgánica vegetal, y otros (sodio, magnesio, cobre, zinc, etc.) ejercen de catalizadores de los procesos bioquímicos, y puesto que obran en cantidades mínimas, se denominan *microelementos*.

Los elementos fundamentales de la fertilidad son el nitrógeno, el fósforo y el potasio, que desempeñan en los vegetales funciones específicas.

El *nitrógeno* (N) estimula el desarrollo vegetativo, es decir, el creci-

miento y ramificación de raíces y tronco, y la producción de hojas; es indispensable en las primeras fases vitales y, en las especies de hoja, también durante el ciclo productivo. El *fósforo* (P) mejora la robustez de los tejidos vegetales y la resistencia a las enfermedades; influye en la producción de frutos y semillas. El *potasio* (K) favorece la acumulación de sustancias de reserva de los bulbos en los tubérculos y de las raíces; estimula la producción de flores y, por lo tanto, de frutos y semillas. La proporción de los tres elementos en los fertilizantes es muy importante, pues determina su uso por parte de los vegetales.

Algunas sales se fijan fuertemente al suelo, liberando sus componentes en un proceso lento y gradual, incluso a largo plazo. Otras, en cambio, debido a su elevada solubilidad ponen rápidamente a disposición los elementos que contienen. Las primeras constituyen las reservas del terreno, adecuadas para asegurar a las hortalizas una nutrición básica durante el periodo necesario y por lo tanto pueden distribuirse en grandes cantidades. Las segundas no se fijan, su permanencia en el suelo está condicionada a los riesgos y las lluvias, con el consiguiente reflujo de agua, y por ello deben ser distribuidas en cantidades pequeñas y frecuentes.

El nitrógeno amoniacal de los sulfatos o de los fosfatos tiene acción lenta, mientras que el de los nitratos tiene efecto rápido; la urea y la calcinamida (que produce la urea) tienen un efecto lento o rápido según la disponibilidad de agua. La acción de las sales de potasio y fósforo está directamente relacionada con el porcentaje de anhídrico fosfórico y de óxido de potasio respectivamente, ambos solubles en agua.

El valor fertilizante de los productos en el mercado depende de la *composición*, es decir, del porcentaje de nitrógeno (N), anhídrico fosfórico (P_2O_5) y óxido de potasio (K_2O) que viene indicado en los envases.

El *abonado orgánico*, tradicionalmente efectuado con estiércol bobino (obtenido de la fermentación de los excrementos animales, mezclados con la paja del establo) constituye la base para la fertilización del huerto porque, además de aportar elementos nutritivos, desarrolla una acción humidificante. Las hortalizas resultan más sabrosas y nutritivas cuando hunden sus raíces en un suelo «vivo», rico en microorganismos que, a través de una serie ininterrumpida de transformaciones, mantienen el equilibrio químico y biológico. En el mercado, además de una amplia gama de productos sustitutivos del abono orgánico natural, se puede encontrar estiércol bobino, seco y esterilizado a altas temperaturas, lo que conlleva la destrucción de

Por desgracia, disponer de estiércol mezclado con paja no es tan fácil como hace un tiempo. (Fotografía de Carmen Farré)

los parásitos animales y vegetales pero, inevitablemente también de la microflora útil. Este inconveniente se salva mediante el enriquecimiento con cultivos especiales de microorganismos inactivos, se puede decir que en estado latente, los cuales una vez en el terreno se hacen activos gracias a la humedad. Los abonos orgánicos de este tipo presentan la ventaja de su uniformidad de composición, ya que después de secados, son molidos y mezclados cuidadosamente; con una técnica especial se reducen a granos gruesos que facilitan su distribución en el suelo. A causa de las modestas cantidades de empleo, por su elevada concentración, estos productos no poseen los efectos tan directamente beneficiosos de la estructura del terreno que son típicos del estiércol natural. Pero el problema no afecta al huerto de terraza, donde hemos puesto el substrato ideal.

Los *abonos complejos orgánico-minerales* derivan de diferentes materiales orgánicos (estiércol, gallinaza, desechos de mataderos y factorías pesqueras, desperdicios, etc.) secados, esterilizados y enriquecidos con las cantidades oportunas de abono químico para corregir las posibles carencias de elementos fertilizantes y equilibrar su relación; se presentan granulados. Ofrece un abonado completo y equilibrado en una única operación.

Los *abonos líquidos* contienen principios fertilizantes solubles o en suspensión en agua, lo que garantiza la máxima uniformidad en su distribución. Se fabrican de varios tipos: de efecto retardado o rápido y de «cesión programada», y se encuentran a la venta también en envases pequeños adecuados para el huerto de terraza, donde pueden distribuirse sencillamente con el riego.

Los *abonos para el huerto biológico* deben ser totalmente orgánicos y por lo tanto quedan excluidos los complejos, enriquecidos con sustancias minerales. Estas se admiten solamente después de haber sufrido transformaciones naturales en el curso de la maduración del cúmulo del estiércol, lo que no puede realizarse en el huerto de terraza.

La técnica de abonado debe proveer reservas nutritivas adecuadas al terreno, reponerlas constantemente y suministrar si es necesario estímulos suplementarios para sostener e incrementar el desarrollo y la productividad de las hortalizas. Los cultivos del huerto están muy necesitados de elementos fertilizantes por su elevada producción y por la rápida sucesión de distintas especies en el mismo espacio.

El *abonado de fondo* promueve la fertilidad en los terrenos que no han sido cultivados y aporta reservas nutritivas; por esto debemos realizarlo si extraemos la tierra de un prado o de un jardín o un huerto abandonado.

El *abonado de mantenimiento* es necesario para todos los tipos de tierra, pues repone los elementos que poco a poco deslava el agua o extraen las plantas; se efectúa sobre el terreno limpio entre dos ciclos de cultivo y, lógicamente, también si usamos tierra de un huerto bien cultivado. En ambos casos se emplea un abono complejo orgánico-mineral que desprende los elementos nutritivos de forma lenta y gradual.

El *abonado de estímulo* promueve y mantiene el desarrollo de los plantones tras la germinación y el trasplante, y el despertar vegetativo de las hortalizas que han hibernado en los arriates. Se efectúa con abonos de efecto rápido, ricos en nitrógeno en forma nítrica, distribuidos en el momento de la siembra o del trasplante y sólo en las primeras fases de desarrollo de las plantas; en los vegetales, la duración de las diferentes fases del ciclo biológico obedece, dentro de unos límites, a plazos obligatorios en relación con la variedad, la estación y la duración del día, por lo tanto, prolongar el efecto estimulante puede retardar la floración y en consecuencia la fructificación. Esto no incluye las lechugas y otras hortalizas que se cultivan por sus hojas, las cuales se ven favorecidas por el estímulo vegetativo.

El *abonado de producción* mantiene y mejora, también desde el punto de vista cualitativo, la producción de las diferentes especies de hortalizas, que tienen exigencias concretas relacionadas con su composición. En las hortalizas de hoja, el abonado de producción coincide con el de estímulo; las hortalizas de raíz necesitan potasio, como también las especies de fruto y semilla. El mercado ofrece en la actualidad una vasta gama de abonos específicos para diversos usos, que vienen claramente detallados en los envases.

La *distribución* uniforme de los abonos es imprescindible para un desarrollo regular de las raíces y un comportamiento equilibrado de las plantas de un mismo arriate; evita, por otra parte, los perjuicios derivados de la excesiva concentración de sales en algunas zonas.

Los abonados sobre terreno limpio se realizan mezclando el producto con la tierra, revolviendo bien la masa con una pala y desmenuzándola después con una pequeña grada. Si se siembra o trasplanta un nuevo cultivo, el abono puede también colocarse en los hoyos y aislarlo de las raíces o semillas con un puñado de tierra. Los abonados sobre el suelo cultivado se efectúan esparciendo el producto sobre la totalidad de la superficie o justo al pie de cada planta, evitando el contacto directo con el tallo; se entierra después con un ligero recalce o, si este no es posible por la presencia de raíces superficiales o siembras recientes, se cubre con una capa de mantillo.

La distribución se realiza por la mañana temprano o por la tarde, y se riega a continuación. Por lo que respecta a las cantidades de empleo, la composición y concentración de los diferentes productos en el mercado es muy diversa; sin embargo, cada uno de ellos lleva adjuntas las instrucciones necesarias. En el caso del huerto en la terraza, conviene respetar las cantidades aconsejadas para los abonados de fondo y de mantenimiento, mientras que para los de estímulo y producción es oportuno fraccionar la cantidad total en distribuciones modestas y frecuentes para evitar la rápida dispersión por deslavado a través de los agujeros de drenaje, dependiendo también del volumen de tierra y de la falta de subsuelo.

La elección y dosificación de los abonos depende del tiempo de permanencia de las diferentes especies de hortalizas en el suelo: las de ciclo productivo largo pueden explotar plenamente un fertilizante de reserva, de efecto lento, pero las de ciclo corto o muy corto, como el rábano, se aprovechan sólo de productos de asimilación rápida.

Es perjudicial abonar demasiado cuando las condiciones ambientales no son favorables al desarrollo o no hay suficiente agua: las sales permanecen inutilizadas en la tierra y su concentración puede superar los límites tolerables por las plantas, que se deshidratarían. Además, aunque el empleo de los principios nutritivos sea proporcional a la temperatura y a la disponibilidad de agua, existe un límite más allá del cual la capacidad de crecimiento y de producción de las plantas se estanca. Los abonados de estímulo, deben limitarse no sólo en el tiempo sino también en la cantidad, puesto que los excesos se traducen en un exagerado forzado de las plantas que crecen demasiado rápidamente, con tallos delgados, incapaces de sostener la producción incluso desde el punto de vista mecánico.

Se calcula la superficie de los arriates o cajones para poder establecer la cantidad justa de fertilizante. Para un huerto en macetas y jardineras se adquieren envases pequeños en los que la cantidad viene indicada en cucharaditas o medidas similares. Hasta que no se ha adquirido cierta experiencia, conviene unificar los abonados usando un abono complejo orgánico-mineral de acción múltiple, lenta y rápida, en cantidades frecuentes y fraccionadas. Para el abonado específico, es necesario cultivar cada especie en arriates o cajones separados para no correr el riesgo de, por ejemplo, estimular la vegetación del tomate mientras está en plena producción o hacer leñosas las lechugas con la distribución de fósforo.

El control sanitario

Las enfermedades de las hortalizas se dividen en *fisiológicas, parasitarias* e *infecciosas,* según estén causadas por condiciones ambientales anómalas (temperaturas inadecuadas, desequilibrios nutritivos e hídricos, etc.), por insectos y plantas criptógamas (mohos, hongos) o por bacterias y virus.

Para evitar las primeras, es útil atenerse a las sugerencias que se dan a propósito de las exigencias genéricas y específicas de cada hortaliza.

Desde el punto de vista sanitario, el huerto de terraza se encuentra en una situación privilegiada por ser fácilmente controlable y estar poco expuesto al ataque de parásitos. El estiércol, si no está perfectamente maduro, también es una peligrosa fuente de larvas, mohos y bacterias, que no están en el abono seco y esterilizado. Muchos insectos hibernan para atacar con la vuelta del buen tiempo; en el huerto de terraza podemos

El amarilleo de esta planta de apio se debe a una virosis

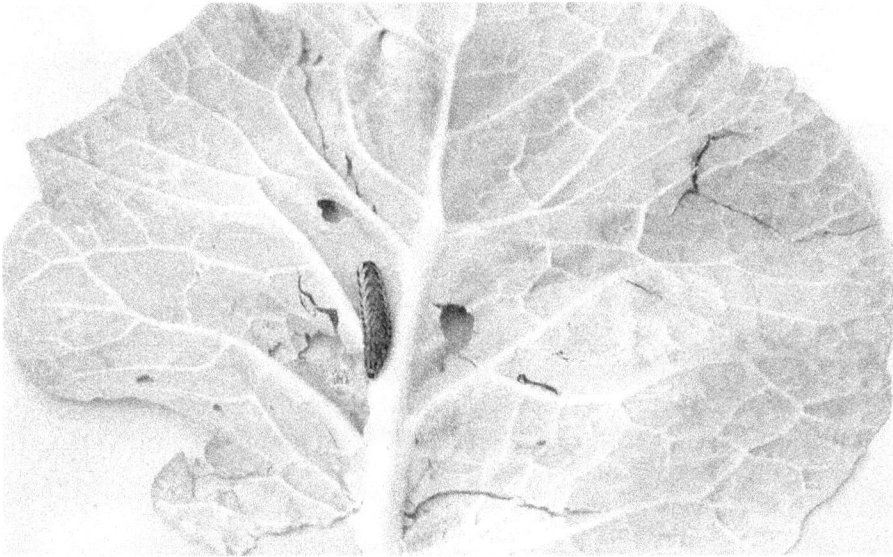

El peor enemigo de la familia de las coles es la oruga de la piérides

inspeccionar todo el volumen de tierra que, en última instancia, podría renovarse por completo.

El espacio delimitado y a menudo elevado respecto a la vegetación de avenidas y jardines, junto con la posibilidad de efectuar una protección total, reduce los riesgos de enfermedades criptogámicas, que lluvia y viento difunden en un radio muy amplio. En la actualidad, todo el mundo está al corriente de los riesgos que conlleva el uso de fitofármacos no sólo para quien los emplea, sino también para quien consume las hortalizas tratadas con ellos. En caso de necesidad, no se deben rechazar los fitofármacos; además los que se venden al público poseen un nivel de toxicidad muy bajo. Cada envase indica las cantidades, la forma de empleo y la persistencia del principio tóxico, del cual depende el denominado «límite de seguridad», que fija el plazo necesario desde el tratamiento hasta la recogida.

Consideramos útil comentar el tema de la lucha biológica. Nos referimos a ello a título informativo: se trata de introducir en los cultivos enemigos naturales de los insectos, o sea «parásitos de los parásitos».

Un constante y diligente trabajo de prevención es de fundamental importancia para evitar o, al menos, limitar los daños en las plantas y las pérdidas de producción, así como para reducir al mínimo la necesidad de tratamientos con fitofármacos. En el caso particular de las hortalizas, la brevedad del ciclo productivo a menudo hace inútil cualquier intervención una vez que la enfermedad se ha extendido.

La selección estimulada con objeto de obtener cultivos precoces y apreciados ha agravado el problema de las enfermedades parasitarias, por lo que la elección de variedades tradicionales, más rústicas y resistentes, puede limitar los riesgos. Es indispensable emplear material de reproducción sano, o sea, semilla garantizada y plantones radicados saludables. Es difícil que los plantones procedentes de vivero estén infectados por parásitos animales pero, por desgracia, a menudo están ya afectados por enfermedades criptogámicas. Hay que prestar especial atención a la eliminación de todos aquellos ejemplares que tengan alguna hoja rizada, granulada, manchada o con bordes descoloridos.

En el curso del cultivo es necesario inspeccionar diariamente el huerto: se escarda para eliminar las malas hierbas, con cuidado de no lesionar las raíces y los tallos; las operaciones de poda y de escamonda se realizan cuando las plantas están secas. Esta operación, denominada *mondadura*, debe incluir también las hojas rasgadas y lesionadas por la intemperie, en

las que se instalan fácilmente bacterias y virus.

Contra muchos parásitos animales es posible efectuar una lucha manual, siempre que la vigilancia sea paciente y asidua. La mayoría de las orugas perjudiciales para las plantas pertenecen a las mariposas nocturnas, que son fáciles de capturar con lámparas especiales que contienen una sustancia insecticida.

Los insectos y larvas de grandes dimensiones se recogen a mano; las orugas de la col (mariposa blanca muy frecuente) se reúnen, por ejemplo, en las hojas inferiores de las coles. Las hormigas no dañan directamente las hortalizas, pero son las principales responsables de la difusión de los

En una tomatera afectada por peronospora hay que eliminar las partes dañadas y quemarlas inmediatamente

afidios (pulgones), que no pueden moverse y que ellas transportan de una planta a otra. Es fácil que las hormigas pululen por la terraza, bajo las macetas y cajones, y las podemos desalojar con agua hirviendo. Los pulgones, sin embargo, se establecen en los brotes nuevos y en el envés de las hojas, y es fácil aplastarlos con los dedos; hay varios insecticidas biológicos que permiten eliminarlos, por ejemplo el jugo de la ortiga y la infusión de tabaco.

El tratamiento del substrato es útil y necesario para conseguir una desinfección total antes de cultivar una tierra extraída de un huerto o jardín, o cuando se verifican enfermedades criptogámicas y ataques de insectos a niveles difícilmente controlables. Se emplea calor seco, producido por mangueras térmicas a tal efecto, o calor húmedo empapando abundantemente el substrato con agua hirviendo.

El calendario del huerto

Siempre que escribimos sobre horticultura deseamos ofrecer al lector un calendario lo más exacto posible de siembras, trasplantes y cosechas en relación con las diferentes especies y a las tres subdivisiones fundamentales de la península: norte, centro y sur. Pero esto es prácticamente imposible y no sería útil ni serio establecer fechas fijas sin dejar un margen de flexibilidad.

España se caracteriza por la influencia del Atlántico al norte, y del Mediterráneo al este y sureste. Presenta una peculiar orografía: una barrera montañosa al norte (cordillera Cantábrica), los Pirineos, la Meseta Central que se encuentra rodeada de cadenas montañosas, la cordillera Central, y el Sistema Ibérico.

La zona más idónea para el cultivo de hortalizas es la costa mediterránea. En las zonas interiores se cultivarán cerca de los ríos, por la disponibilidad de agua. En zonas montañosas es obligada la exposición soleada. Se deben escoger hortalizas de ciclo precoz, que se trasplantan apenas lo permiten las temperaturas (eventualmente bajo túnel), se estimulan para que alcancen el desarrollo necesario para que la producción sea temprana, y se favorece la formación y maduración de los frutos, de manera que se puedan recoger antes de que un posible otoño anticipado destruya el trabajo. En la costa cantábrica se dan más precipitaciones, y la nubosidad abundante provoca una insolación más baja. A lo largo de la costa mediterránea se dan condiciones más suaves.

De todo esto se deduce que no se puede establecer un calendario ideal sino que lo importante es conocer por un lado las características climáticas de la zona de interés y, por otro, las exigencias climáticas de cada cultivo. Con esto se podrá tener una idea de lo que conviene plantar en cada época.

El diario del huerto en la terraza

En cualquier huerto, en especial en el de terraza, es posible que el primer año sea de experimentación. Por eso, llevar un diario donde anotar el mayor número de datos respecto a cada cultivo resulta de gran utilidad, ya que permite evaluar después la conveniencia de cultivar una determinada especie o variedad, además de revelar errores relacionados con las fechas o la modalidad de siembra y trasplante de las diferentes hortalizas, y de

la posición asignada. Los datos del diario adquieren significado al contrastarlos con los inherentes a la marcha climática, que hemos aconsejado anotar en un calendario personalizado.

Debe quedar claro que no podemos imputar a la calidad de la semilla o de las plantas adquiridas una cosecha escasa cuando se han dado en el curso del cultivo heladas tardías o granizadas. Una pequeña contabilidad permite además evaluar la conveniencia de ciertos recursos, aparente-

Mata de tomates de pera

mente costosos, pero que permiten un ahorro final y una producción mayor: el riego por goteo en las zonas donde las tarifas del agua son elevadas, o los medios de protección donde el clima es imprevisible.

En el diario se debe hacer referencia a un plano esquemático del huerto, en el que arriates o cajones estén numerados y se identifiquen con facilidad. Nos referimos al tomate para dar un ejemplo:

ARRIATE n.º 3: tomate redondo liso «de pera»

Superficie	2 m²
Número de plantas	12
Trasplante	18/04 – temperatura 16 °C
Floración	20/06 – temperatura 22 °C
Cosecha	inicio: 10/07 – temperatura 25 °C
	término: 03/10 – temperatura 14 °C
Producción	cantidad: 50 kg
	calidad: buena
Enfermedades	12/08: hongos
	tratamiento con... (nombre del producto)
	periodicidad: cada 4 días
	resultado: bueno

ancho reborde: 30 cm

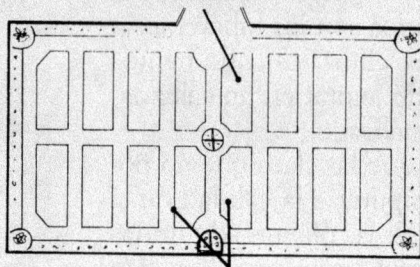

ancho arriates: 100 cm

largo arriates: 250 cm

diámetro macetas: 50 cm

flores en el borde exterior de las jardineras

Arriba: huerto mínimo de verano
1. Vivero
2. Judías
3. Calabacines
4. Tomates
5. Pimientos
6. Berenjenas
7. Zanahorias
8. Lechugas, rabanitos
9. Acelgas
10. Plantas aromáticas

Sur

Abajo: huerto mínimo de invierno
1. Vivero
2. Guisantes
3. Acelgas
4. Espinacas
5. Coles
6. Berzas
7. Escarolas
8. Zanahorias
9. Plantas aromáticas
10. Perejil, apio

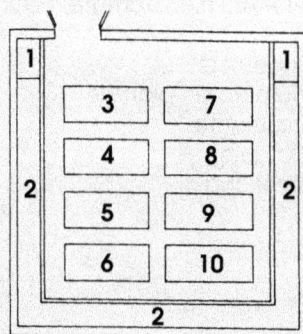

Largo arriates: 150 cm
Ancho arriates: 60 cm
Distancia entre arriates: 30 cm
Reborde: 40 cm

Uso intensivo de la terraza

La cosecha

Para algunas hortalizas existe un momento concreto en el que alcanzan características organolépticas y nutritivas óptimas: en este momento, que indicaremos más adelante para cada especie, se efectúa la recogida.

Veremos cómo la regla de recoger el producto maduro no es cierta en todos los casos: calabacines, berenjenas, pepinos, por poner algún ejemplo, se consumen ligeramente inmaduros, ya que son menos acuosos, tienen menos semillas y la piel es más tierna; los guisantes, apenas la vaina empieza a marchitarse, ya están duros y son difíciles de cocinar.

Las hortalizas se recogen muy de mañana en verano, a cualquier hora en primavera y otoño, y en las horas más cálidas durante el invierno. En verano, por la mañana temprano, hojas y frutos están frescos y turgentes y se mantienen en perfectas condiciones durante unos días; ante la necesidad de recoger hortalizas un poco mustias, se riega abundantemente el terreno y las plantas algunas horas antes y, por supuesto, nunca bajo el sol.

En invierno, por la mañana los tejidos vegetales están helados y al introducirlos en casa se marchitan; se puede intentar recuperarlos sumergiéndolos enseguida en agua fría, para que se descongelen poco a poco.

Ciclo biológico y ciclo productivo (o económico), no siempre coinciden en las hortalizas. El ciclo biológico corresponde al ciclo vital de las plantas y comienza, por lo tanto, con la germinación de la semilla, para terminar con la producción de nueva simiente. En algunas hortalizas existe una diferenciación clara entre fase vegetativa (crecimiento y producción de hojas) y fase reproductiva (floración, producción de fruto y maduración con formación de semillas).

Las dos fases se desarrollan y completan dentro del año de siembra de las hortalizas anuales y dentro del segundo en las hortalizas bianuales. Algunas especies, como el espárrago y la alcachofa, son vivaces, o sea, tienen aparato subterráneo perenne y parte aérea con ciclo anual. La distinción sirve también para el caso de las siembras otoñales con hibernación en el terreno y despertar vegetativo en primavera, con floración y conclusión del ciclo.

Hay hortalizas, en general las bianuales, que presentan una marcada distinción entre fase vegetativa y reproductiva: al principio emiten sólo hojas y de pronto elevan una espiga floral que señala el final del desarrollo y la próxima conclusión del ciclo biológico. En otras hortalizas, comprendidas entre las anuales, como el tomate, las legumbres, etc., las dos fases se super-

En verano, las hortalizas se recogen por la mañana temprano; en invierno, durante las horas más cálidas. (Fotografía del archivo De Vecchi)

ponen, porque las flores aparecen y los frutos se forman y maduran mientras la planta crece y se ramifica. Por lo tanto, indicamos si se trata de especies anuales o bianuales no sólo para calcular el tiempo durante el que ocuparán el suelo, sino también para saber cuándo debemos recogerlas.

El huerto de terraza mixto ofrece en general hortalizas justas o suficientes para el consumo directo, y no debería comportar problemas relacionados con la conservación de los productos. Sin embargo, «verdura fresca» en el más ajustado sentido del término es solamente la recién cogida; el calor, y sobre todo la luz, destruyen en un día el 50 % de los azúcares y el 25 % de las vitaminas, especialmente la vitamina C. A la espera de consumir lo que hemos recogido, debemos colocarlo en el frigorífico o en un ambiente fresco y oscuro. El posible excedente debe conservarse, pelado, lavado y bien seco, en el congelador.

Una última recomendación: con toda seguridad, las hortalizas cosechadas en el huerto de terraza, conducido por medios naturales, no precisan ser lavadas, sino solamente enjuagadas rápidamente. Una prolongada permanencia en el agua comporta la pérdida de gran parte de las sales minerales y vitaminas solubles. Es obvio que aún peor resulta un cocimiento prolongado en abundante agua.

Las hortalizas

Para facilitar la consulta de este manual, tratamos las diferentes hortalizas por orden alfabético, pero consideramos oportuno anteponer algunas nociones teóricas interesantes y útiles para fines prácticos, pues ayudan a la consulta de esos catálogos que reúnen un número quizá demasiado elevado de hortalizas, al menos para los neófitos.

La *familia* reúne hortalizas que comparten ciertas características fundamentales relativas a la estructura y comportamiento biológico, mientras que el *género* y, tras este, la *especie*, reúnen a aquellas con caracteres cada vez más particulares y diferenciados. Por ejemplo, el tomate, la berenjena, el pimiento y la patata son

Si en el cultivo de las hortalizas se han empleado fertilizantes naturales, no es preciso lavarlas. (Fotografía del archivo De Vecchi)

Existen tomates híbridos resistentes a la podredumbre apical, una gravísima enfermedad que compromete cultivos enteros. (Fotografía del archivo De Vecchi)

especies de un mismo género, *Solanum*, de la familia de las solanáceas, y tienen entre ellas evidentes analogías de aspecto y de comportamiento; pero mientras las tres primeras producen frutos, la última produce tubérculos.

En los catálogos se repiten con frecuencia términos como *variedades*, *va-*

riedades cultivadas o *híbridos*: las primeras son formas diferentes de una misma especie, que se distinguen por uno o más caracteres particulares; las segundas son también formas, pero seleccionadas a fin de alcanzar objetivos concretos, como por ejemplo la adaptación a unas condiciones climáticas o a un terreno, o la aptitud para la conservación, etc.; los terceros derivan del cruce entre variedades o entre especies y se producen, por ejemplo, para conseguir mayor resistencia a enfermedades específicas, como los tomates híbridos, resistentes a la podredumbre apical.

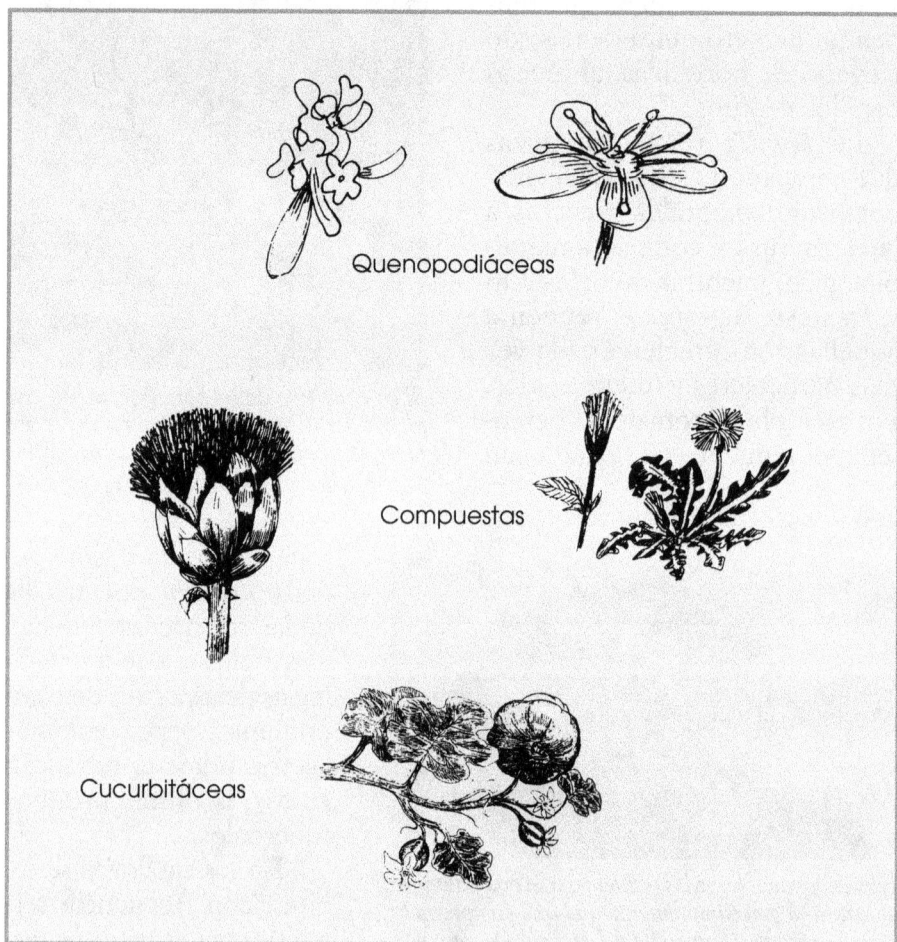

Quenopodiáceas

Compuestas

Cucurbitáceas

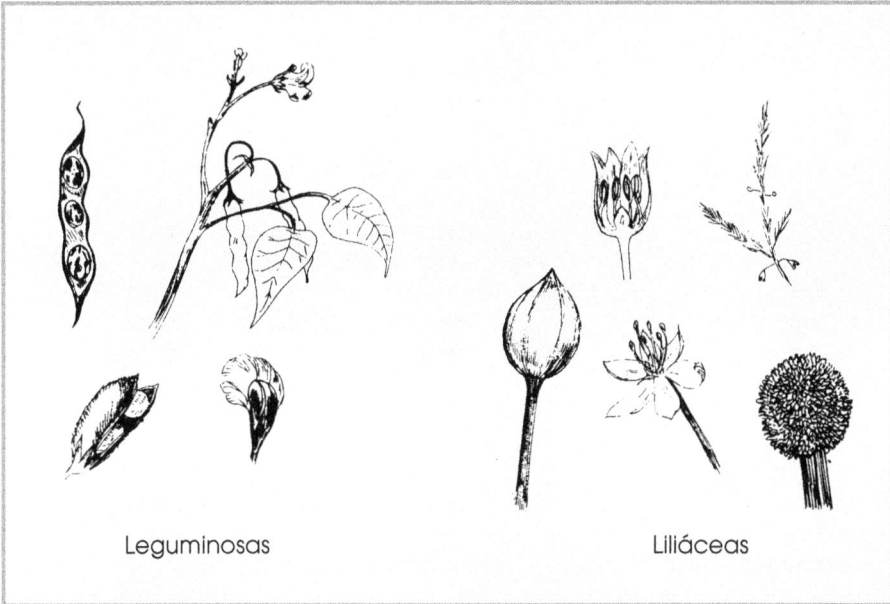

Leguminosas   Liliáceas

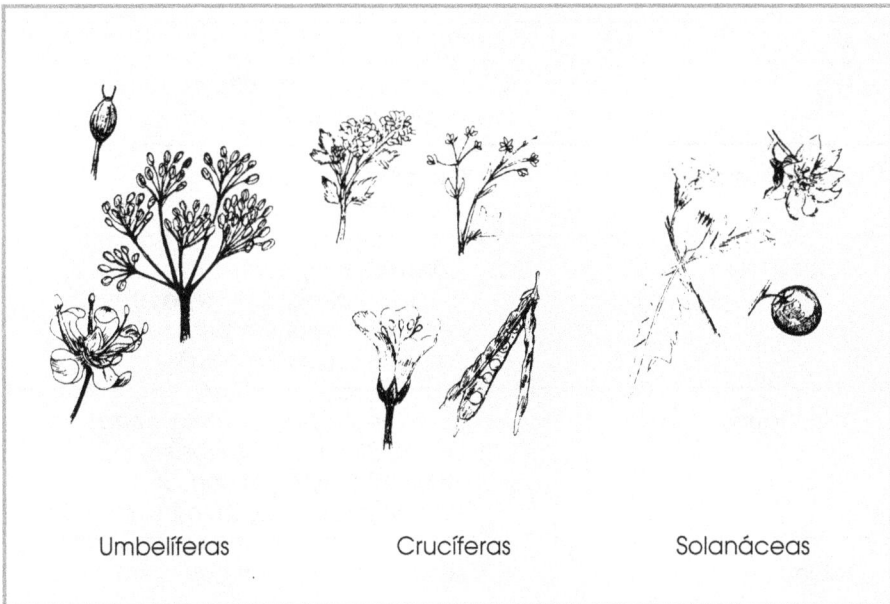

Umbelíferas   Crucíferas   Solanáceas

CLASIFICACIÓN BOTÁNICA

Familia	Hortalizas
Liliáceas	Ajo (*Allium sativum*) Cebolla (*Allium cepa*) Espárrago (*Asparagus officinalis*) Puerro (*Allium porrum*)
Compuestas	Achicoria *Cichorium intybus*) Alcachofa (*Cynara scolymus*) Endibia (*Cichorium endivia*) Escarola (*Lactuca scariola*)
Quenopodiáceas	Acelga (*Beta vulgaris cycla*) Espinaca (*Spinacia oleracea*)
Concolvuláceas	Batata (*Iponoea batates*)
Crucíferas	Col (*Brassica oleracea*) Rábano (*Raphanus raphanistrum*)
Cucurbitáceas	Melón (*Cucumis melo*) Calabacín (*Cucurbita pepo*) Pepino (*Cucumis sativus*)
Leguminosas	Guisante (*Pisum sativum*) Judía (*Phaseolus vulgaris*)
Umbelíferas	Apio (*Apium graveolens*) Hinojo (*Phoeniculum vulgare*) Perejil (*Petroselinum sativum*) Zanahoria (*Daucus carota*)
Solanáceas	Berenjena (*Solanum melongena*) Patata (*Solanum tuberosum*) Pimiento (*Capsisum annuum*) Tomate (*Lycopersicum esculentum*)
Labiadas	Albahaca (*Ocimum basilicum*)

Como el resto de los vegetales, las hortalizas se clasifican botánicamente en grupos, cada vez más reducidos, de familias, géneros y especies. (Fotografía del archivo De Vecchi)

CLASIFICACIÓN SEGÚN EL PRODUCTO	
Hortalizas de hoja	Achicoria Acelga Col Espinaca Lechuga
Hortalizas de fruto y flor	Alcachofa Berenjena Calabacín Melón Pimiento Tomate
Hortalizas de tallo y bulbo	Ajo Cebolla Espárrago Hinojo Puerro
Hortalizas de raíz y tubérculo	Batata Patata Rábano Zanahoria

FICHERO PRÁCTICO
DEL HUERTO

ACELGA DE PENCA BLANCA (*BETA VULGARIS CYCLA*)

Familia: quenopodiáceas

Ciclo biológico: bianual

Ciclo productivo: anual

Periodo de cultivo: todo el año

Temperatura óptima: 15-18 °C

Temperatura mínima: 5 °C

Ocupación del terreno: entre 200 y 230 días tras el trasplante

Número de plantas por m²: 16 kg (sin arrancar las raíces)

Recalce para el emblanquecimiento de la acelga

Exigencias ambientales: es una verdura de gran adaptabilidad, que sin embargo florece antes de tiempo si la temperatura es muy baja en la primera fase del ciclo.

Variedades aconsejadas: de peciolos blancos y carnosos; son de sabor particular las variedades de penca rosada.

Acelga de penca blanca

Método de propagación: trasplante, en septiembre-octubre y en abril-mayo, de plantones con raíz desnuda, de 15 cm de altura, con 6-7 hojas, a 30 cm de distancia. El cuello de la raíz no debe enterrarse, pero en las zonas de invierno muy frío se planta en pequeños hoyos que se rellenan después con hojas secas o turba.

Abono: en suelo rico en sustancia orgánica se distribuyen frecuentes abonos de estímulo que favorecen rápidamente la obtención de pencas anchas y tiernas.

Riego: abundante y constante en todas las fases del ciclo.

Cuidados de cultivo: la aporcadura en el momento del trasplante y la protección con pequeños invernaderos permiten prolongar la recolección en invierno.

Recolección: 30 días después del trasplante (variedades precoces), escalonadamente durante unos 200 días. Se desprenden a medida que van creciendo las pencas más externas y desarrolladas, mientras que las plantas enteras se cortan por la base sólo al final del cultivo.

Hay variedades de acelgas que producen pencas blancas sin necesidad de recalce

ACELGA DE PENCA ESTRECHA (BETA VULGARIS «CYCLA»)

Familia: quenopodiáceas

Ciclo biológico: bianual

Ciclo productivo: anual

Periodo de cultivo: febrero-diciembre

Temperatura óptima: 15-18 °C

Temperatura mínima: 5 °C

Ocupación del terreno: unos 200 días después de la siembra

Número de plantas por m²: 100

Acelga de penca estrecha

Producción media por m²: 3,5 kg

Exigencias ambientales: se adapta a las situaciones más diversas y, por lo tanto, su periodo de cultivo es muy largo.

Variedades aconsejadas: de hojas anchas y tiernas, con peciolo y nervio central poco desarrollados; de rápido arraigo.

Método de propagación: siembra en el suelo definitivo, de febrero a agosto, con una separación de 15 cm y a 3 cm de profundidad; las siembras densas permiten una primera recolección.

Abono: la fertilidad normal de un huerto es suficiente para estas acelgas, que en cambio requieren frecuentes abonos de estímulo durante el crecimiento, después de cada cosecha y en la reanudación vegetativa.

El aclareo supone una primera recolección con raíces; después se van cortando por la base para que rebroten y continúe la producción

Riego: abundante y constante, incluso en invierno, en función del clima.

Cuidados de cultivo: las siembras densas no crean problemas, pero deben escardarse los espacios entre filas.

Recolección: se efectúa cortando por la base las plantas, o bien arrancándolas cuando, en la estación propicia, se obtiene una rápida germinación de las nuevas siembras.

ACHICORIA AMARGA (*CICHORIUM INTYBUS*)

Familia: compuestas

Ciclo biológico: bianual

Ciclo productivo: anual

Periodo de cultivo: todo el año

Temperatura óptima: 15-18 °C

Temperatura mínima: 8 °C

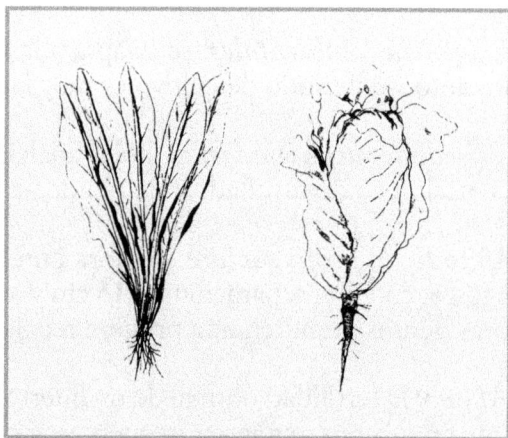

Achicoria dulce blanca

Ocupación del terreno: 240 días después de la siembra

Número de plantas por m²: 2 kg

Exigencias ambientales: es una hortaliza muy adaptable y resistente a las bajas temperaturas, aunque prefiere clima templado.

Variedades aconsejadas: la «silvestre de penacho», de hojas largas, tiernas y amargas, muy productiva y de rápida germinación.

Método de propagación: siembra definitiva de febrero a noviembre según el clima (temperatura mínima de germinación, 10 °C); se siembra a voleo a 1 cm de profundidad y se aclara a 10 cm.

Abono: en suelo rico en fertilidad orgánica, se distribuyen cantidades moderadas pero frecuentes de abonos nítricos.

Riego: regular y elevado en todas las fases del ciclo.

Cuidados de cultivo: la protección con malla en los meses fríos prolonga la actividad vegetativa. En los climas muy fríos, tan pronto como los plantones han formado el corazón central es conveniente cortarlos a la altura del cuello de la raíz a medida que están maduros; luego se protegen las raíces mediante la aporcadura (incluso con paja u hojas).

La achicoria de corte, si está protegida, se cosecha prácticamente durante todo el año

Recolección: las variedades más precoces dan la cosecha 70 días después de la siembra; las tardías, sembradas en otoño, 180 días después. Se efectúa de forma escalonada, en 4 o 5 cortes, en función de las dimensiones de las hojas. Tan pronto como aparece el tallo floral (que se anticipa a causa de temperaturas demasiado bajas, prolongada exposición al sol o sequía), el ciclo concluye.

AJO (*ALLIUM SATIVUM*)

Familia: liliáceas

Ciclo biológico: bianual

Ciclo productivo: anual

Periodo de cultivo: octubre-marzo

Temperatura óptima: 12-22 °C

Temperatura mínima: 7 °C

Ocupación del terreno: 150-180 días después del trasplante

Número de plantas por m²: 2 kg

Exigencias ambientales: es una hortaliza adaptable, que no obstante prefiere un clima templado-cálido.

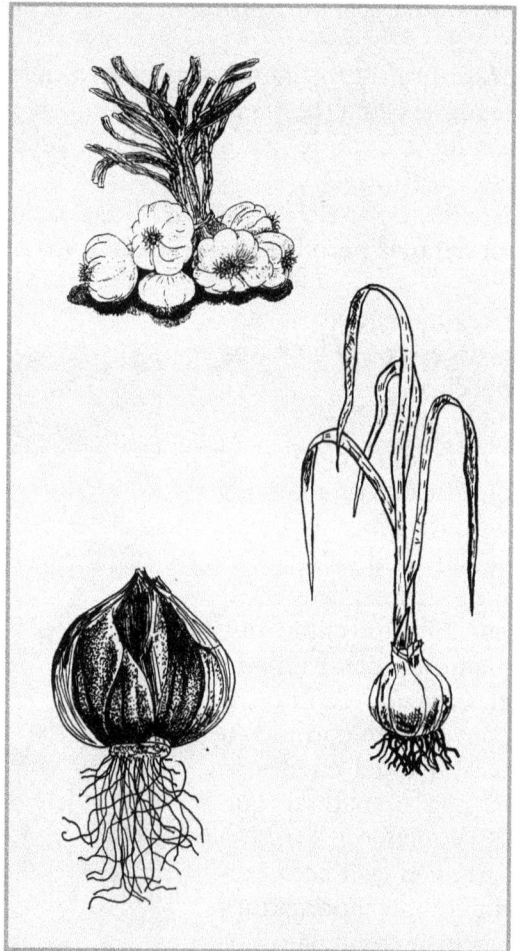

Ajos

Variedades aconsejadas: los ajos de túnica blanca se conservan más tiempo que los de túnica morada; ciclo precoz o tardío, según las temperaturas invernales.

Método de propagación: plantación de los dientes (pequeños bulbos de que se compone la cabeza) en octubre-noviembre en surcos, a 10 cm de distancia y a una profundidad tal que la punta quede al nivel de la superficie. Se escogen los dientes periféricos, bien formados y turgentes.

Abono: en el momento de la plantación se rellenan los surcos con mantillo. Se aportan durante el crecimiento abonos complejos con elevado porcentaje de potasio.

Riego: escaso en la plantación, abundante en la fase de desarrollo.

Cuidados de cultivo: el suelo debe mantenerse siempre blando, prestando atención para no lesionar la yema central y no recalzar. La torsión de los tallos, practicada a veces en la última fase del ciclo, acelera la maduración pero detiene el desarrollo.

Recolección: se inicia 120-150 días después del trasplante y se efectúa arrancando toda la planta. El amarilleo de las hojas indica que el bulbo ha madurado. El ajo para conservar se cosecha cuando las hojas están completamente secas.

Ajos de túnica blanca. (Fotografía del archivo De Vecchi)

ALBAHACA (OCIMUM BASILICUM)

Familia: labiadas

Ciclo biológico: anual

Ciclo productivo: anual

Periodo de cultivo: abril-septiembre

Temperatura óptima: 28-30 °C

Temperatura mínima: 15 °C

Ocupación del terreno: 150 días después del trasplante

Número de plantas por m²: 25

Producción media por m²: 2 kg

Exigencias ambientales: exige clima templado-cálido y exposición al sol. Le perjudican el viento y los cambios bruscos de temperatura.

Variedades aconsejadas: de disposición en forma de matorral y de hojas anchas, adecuadas para el secado (la albahaca en el congelador se vuelve oscura). La variedad llamada «anisada» tiene un aroma muy intenso.

Albahaca

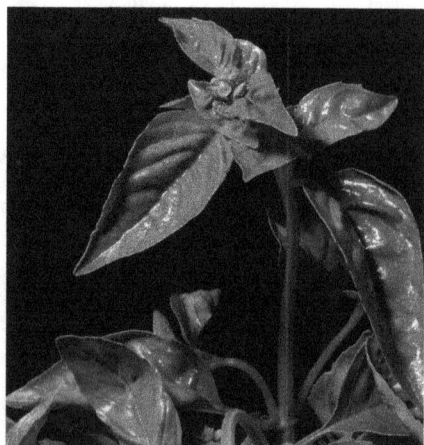

La albahaca tiene una necesidad constante de agua y fertilizantes. (Fotografía del archivo de Vecchi)

Método de propagación: trasplante, de abril a junio, de plantones con el pan de tierra, de 10 cm de altura, con 5 hojas, a 20 cm de distancia entre sí.

Abono: se enriquece el suelo en el momento del trasplante con mantillo. Durante el crecimiento, se dan frecuentes abonos de estímulo.

Riego: exige constante y abundante disponibilidad de agua.

Cuidados de cultivo: el acolchado en el momento del trasplante evita las frecuentes escardas, necesarias para mantener fresco el suelo. La protección con invernáculo permite prolongar la recolección.

Recolección: de julio a septiembre, 100-120 días después del trasplante. Se realiza cortando los plantones de forma que se respeten algunas hojas de la base, o bien desprendiendo las hojas más externas y desarrolladas a medida que van creciendo. El corte del tallo estimula y prolonga la producción de hojas, que adquieren mayor aroma.

ALCACHOFA (CYNARA SCOLYMUS)

Muestras de brotes y producción de protuberancias

Familia: compuestas

Ciclo biológico: anual

Ciclo productivo: anual

Periodo de cultivo: primavera-verano o invierno-primavera (según el clima y la técnica de cultivo)

Temperatura óptima: 15-18 °C

Temperatura mínima: 7 °C

En los ambientes especialmente favorables, la alcachofa se cultiva como si fuera una especie anual

Ocupación del terreno: durante 15 años como máximo. En general, el cultivo se renueva después del cuarto año. Donde el clima permite el rápido arraigo se trata el cultivo como anual o bianual.

Número de plantas por m²: 3

Producción media por m²: 5-9 alcachofas

Exigencias ambientales: prefiere un clima templado-cálido, no húmedo. Soporta, en reposo, temperaturas cercanas a los 0 °C, pero sucumbe a –5 °C.

Variedades aconsejadas: de ciclo tardío para las plantaciones otoñales, de ciclo precoz para las de primavera y verano. Variedades fértiles, que producen dos veces, desde abril hasta junio y desde agosto hasta el periodo de las heladas.

Método de propagación: plantación en marzo-abril, julio-agosto (climas templados), septiembre-noviembre, de retoños provistos de raíces y de

al menos cuatro hojas, comprados o separados del pie de las plantas en el momento de la reanudación vegetativa.

Abono: abundante abono orgánico anticipado; abonos complejos con elevado porcentaje de potasio en la plantación; nitratos durante el crecimiento.

Riego: abundante en la plantación y en cada reanudación vegetativa.

Cuidados de cultivo: escardas; recalce a un mes de la plantación y en otoño; acolchado con mantillo en invierno, con el cultivo en reposo; descalce de las plantas en la reanudación vegetativa; corte por la base de los tallos secos; aclareo de los renuevos que aparecen en la base de las plantas.

Recolección: 150-250 días después de la plantación. Escalonada, durante unos 40 días, en función del grosor de las cabezuelas.

APIO (*APIUM GRAVEOLENS*)

Familia: umbelíferas

Ciclo biológico: bianual

Ciclo productivo: anual

Periodo de cultivo: anual

Temperatura óptima: 15-18 °C

Temperatura mínima: 7 °C

Ocupación del terreno: entre 120 y 150 días tras el trasplante

Número de plantas por m²: 25

Apio

El apio es una planta de climas templados y cálidos; no resiste las heladas

Exigencias ambientales: prefiere clima templado-cálido y exposición al sol.

Variedades aconsejadas: de peciolos cortos, delgados y verdes, ricos en hojas, de aroma intenso. Hay variedades que resisten las heladas.

Método de propagación: trasplante de plantones con raíz desnuda, de 15 cm de alto, con 5-6 hojas, a 20 cm de distancia entre sí, de enero a abril el cuello de la raíz no debe enterrarse y si las hojas son demasiado densas se eliminan casi totalmente, dejando sólo el corazón.

Abono: en terreno rico en fertilidad orgánica, gran cantidad de abonos nítricos en la primera fase y a cada reanudación vegetativa.

Riego: abundante en cada fase del ciclo. En caso de distribución en forma de lluvia, no debe dejarse que penetre el agua en el centro de la macolla, para evitar que se pudra.

Cuidados de cultivo: el suelo debe mantenerse blando.

Recolección: de junio a noviembre, 80-130 días después del trasplante. Se desarrolla de forma escalonada, durante unos 30 días, desprendiendo con el peciolo las hojas más externas, o bien de una vez, cortando las macollas por la base.

BERENJENA (SOLANUM MELONGENA)

Familia: solanáceas

Ciclo biológico: anual

Ciclo productivo: anual

Periodo de cultivo: marzo-octubre

Temperatura óptima: 21-29 °C

Temperatura mínima: 18 °C

Berenjena

Ocupación del terreno: 60-100 días después del trasplante

Número de plantas por m²: 8

Producción media por planta: 2,5 kg

Exigencias ambientales: prefiere clima templado-cálido, con temperaturas nocturnas relativamente elevadas. Requiere exposición al sol.

Variedades aconsejadas: las variedades de fruto alargado y cilíndrico tienen menos semillas y mantienen la pulpa firme y crujiente incluso en plena maduración. Existen variedades de piel violeta o blanca, de sabor más o menos amargo y picante. Las variedades muy precoces son adecuadas para las regiones de verano corto.

Método de propagación: trasplante, de abril a junio, de plantones con el cepellón, de 5 cm de altura, con 6-7 hojas, a 35-40 cm de distancia. El cuello de la raíz debe enterrarse.

Abono: en el trasplante, abono orgánico; nitratos, sólo en la primera fase; complejo orgánico-mineral rico en potasio, a partir de la floración.

Riego: las necesidades hídricas, normales durante el periodo vegetativo, aumentan en la fase de producción. La sequía hace esponjosa la pulpa y coriácea la piel.

Cuidados de cultivo: el suelo debe escardarse con frecuencia. Resulta oportuno el empleo de tutores.

El desmochado del tallo principal, cuando comienzan a formarse los frutos, estimula la ramificación; el corte por encima de la segunda flor de las ramas laterales, favorece la maduración. Se obtienen frutos grandes dejando una sola flor de cada rama.

Recolección: entre junio y septiembre, 60-100 días después del trasplante. Es escalonada, durante 20-40 días. Las berenjenas se recogen levemente inmaduras, cuando la piel está lisa y brillante, de color más pálido en la zona que rodea el peciolo. Una piel opaca o parcialmente ennegrecida corresponde a una pulpa esponjosa, seca, rica en semillas.

Eventual siembra: puesto que la temperatura mínima de germinación es de 20 °C, debe excluirse la siembra directa. En recipientes de 6 cm de diámetro se plantan 4-5 semillas a 0,5 cm de profundidad. Los plantones están listos para el trasplante de 40 a 60 días más tarde.

CALABACÍN (*CUCURBITA PEPO*)

Familia: cucurbitáceas

Ciclo biológico: anual

Ciclo productivo: anual

Periodo de cultivo: marzo-noviembre

Temperatura óptima: 20-28 °C

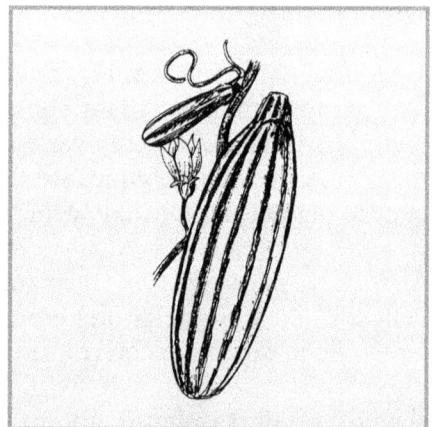

Calabacín

Temperatura mínima: 10 °C

Ocupación del terreno: 100-150 días después del trasplante

Número de plantas por m²: 4

Producción media por m²: 4 kg

Exigencias ambientales: prefiere clima templado-cálido; el agua y el sol favorecen la producción.

Variedades aconsejadas: frutos cilíndricos, sin nervios, con pulpa pobre en semillas, piel lisa, color verde uniforme o estriado; de ciclo precoz.

Método de propagación: trasplante, de abril a agosto, de plantones con el pan de tierra, de 10 cm de altura y con 4-5 hojas, distantes entre sí 40 cm. El cuello de la raíz debe enterrarse ligeramente.

Abono: se introduce en el hoyo del trasplante, un abono 100 % orgánico. La producción se sostiene con un complejo orgánico-mineral. El abono de estímulo sólo es aconsejable si el desarrollo inicial es muy débil.

Riego: normal en la fase inicial; proporcionado con la capacidad productiva de las plantas, que se deduce de la abundancia de flores femeninas: los calabacines son ricos en agua, por lo que las carencias hídricas provocan la maduración precoz de frutos pequeños con piel leñosa.

Cuidados de cultivo: el terreno debe mantenerse blando y ventilado. La bina es útil para evitar el estancamiento del agua. El aclareo se aplica sólo en caso de desequilibrio entre hojas y flores. La recolección de las flores masculinas en las primeras horas de la mañana (dejando algunas para la polinización) retrasa el agotamiento de las plantas.

Recolección: de junio a noviembre, según la época del trasplante, 20-90 días después de este. Se hace de forma escalonada, en función de las dimensiones de los frutos, y se prolonga durante 30-60 días. Los calabacines deben cosecharse antes de que alcancen su desarrollo com-

pleto, cuando tienen la piel delgada y brillante, la pulpa firme y crujiente y las semillas aún tiernas. Los pequeños calabacines aún algo inmaduros, con el residuo de la flor adherido, son óptimos y más fáciles de conservar, y su extracción en el momento oportuno incrementa la productividad.

Siembra eventual: la temperatura mínima de germinación del calabacín es de 15 °C. Por lo tanto, debe excluirse la siembra directa. La siembra en recipientes resulta muy útil para la renovación de los cultivos que, en temporadas favorables, se agotan antes de lo previsto, cuando ya no se encuentran en el mercado plantas con raíz. En recipientes de 10 cm de diámetro se plantan 2 semillas a 1,5 cm de profundidad; se requieren más o menos 15 días para la germinación y otros tantos para el trasplante. En general, resulta conveniente sembrar cuando se inicia la floración de las primeras plantas.

Cebolla (Allium cepa)

Familia: liliáceas

Ciclo biológico: bianual

Ciclo productivo: anual

Periodo de cultivo: septiembre-marzo

Temperatura óptima: 15-22 °C

Temperatura mínima: 5 °C

Ocupación del terreno: 60-180 días después de la siembra

Número de plantas por m²: 400

Producción media por m²: 4 kg

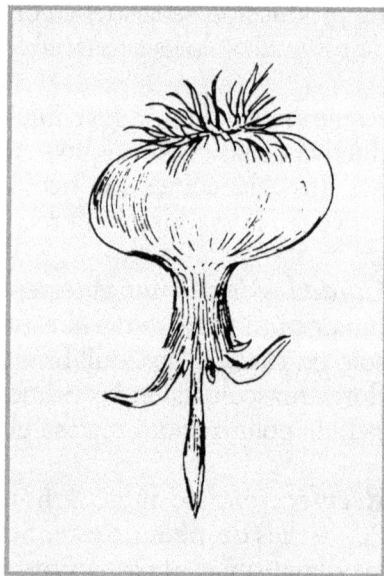

Cebolla

Exigencias ambientales: requiere clima templado y proporciona un producto de alta calidad en las zonas frescas y soleadas de colina. Sin embargo, es una hortaliza muy adaptable, resistente a temperaturas frías.

Variedades aconsejadas: expresamente seleccionadas para conservar en vinagre, de bulbo esférico o

Con el aclareo se recolectan cebollas tiernas y sabrosas

comprimido, con diámetro inferior a 3 cm. Son muy apreciadas las variedades de 2 cm de diámetro; variedades muy precoces para las primeras siembras, tardías para las últimas de otoño.

Método de propagación: siembra de asiento, de agosto a noviembre, a voleo, a 1 cm de profundidad (temperatura mínima de germinación, 5 °C); se aclarea a 5 cm o menos para las variedades muy pequeñas.

Abono: el terreno debe enriquecerse previamente con abono orgánico. Los abonos de estímulo sirven para obtener la cosecha antes de las heladas o bien para preparar para el invierno plantones bien arraigados que se cosecharán en primavera. En la fase de formación del bulbo, les benefician los abonos ricos en potasio.

Riego: requiere una disponibilidad de agua constante pero modesta, proporcionada con el periodo de cultivo.

Cuidados de cultivo: su densidad hace que no se requieran escardas.

Recolección: tiene lugar tan sólo 60 días después, si la temperatura es favorable, para las variedades muy precoces sembradas en septiembre-octubre; 180 días después, al final del invierno, para las siembras del final del otoño. Si el aclareo se ha efectuado con regularidad, la recolección tiene lugar de una sola vez. En caso contrario, es escalonada en función de las dimensiones.

COL (*BRASSICA OLERÁCEA*)

Familia: crucíferas

Ciclo biológico: bianual

Ciclo productivo: anual

Periodo de cultivo: septiembre-febrero

Temperatura óptima: 15-18 °C

Temperatura mínima: 5 °C

Ocupación del terreno: aproximadamente 120-180 días después del trasplante

Número de plantas por m²: 9

Producción media por m²: 9 kg (coliflor) y 15 kg (col)

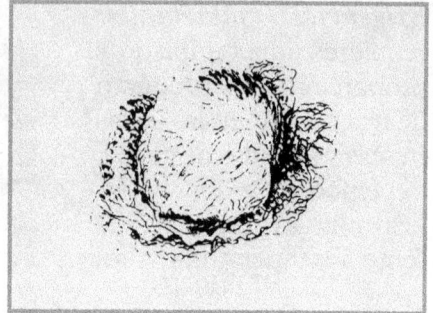

Col berza

Col brécol

Col de Bruselas

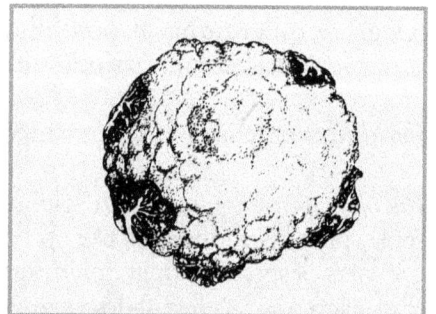

Coliflor

Exigencias ambientales: piden climas templados y húmedos y exposiciones soleadas. Las coles son más resistentes a las bajas temperaturas que a las altas, que provocan la floración anticipada, lo que anula la producción.

Variedades aconsejadas: para la col *(B. o. bullata)*, variedades de cabeza compacta, blanca. Para la coliflor *(B. o. botrytis)*, variedades de cabeza redonda regular muy blancas.

La col requiere un suelo constantemente fresco

Método de propagación: trasplante, en septiembre, de plantones de raíz desnuda, de 15 cm de altura, con 5-6 hojas, a 30 cm de distancia entre una y otra. El cuello de la raíz debe enterrarse.

Abono: en suelo enriquecido con mantillo, se aportan nitratos hasta que empieza a formarse la cabeza, tanto en coles como en coliflores. Después, se aportan abonos con alto porcentaje de potasio.

Riego: normal en la primera fase. Debe ser elevado y constante en la fase productiva, en particular al final del invierno.

Cuidados de cultivo: el acolchado en el trasplante es muy útil, al igual que la protección en invernáculo en los climas rígidos.

Si se cierran las hojas de la coliflor sobre la cabeza, esta quedará muy blanca

Recolección: noviembre-febrero, 60-100 días después del trasplante. De forma escalonada en función del desarrollo y la compacidad de las cabezas. En caso de heladas, las coles se recogen todas al mismo tiempo y se reúnen, resguardadas con paja, en un lugar donde la temperatura no baje de 0 °C.

ESCAROLA Y ACHICORIA RIZADA (*CICHORIUM ENDIVIA*)

Familia: compuestas

Ciclo biológico: bianual

Ciclo productivo: anual

Periodo de cultivo: septiembre-marzo

Temperatura óptima: 15-18 °C

Temperatura mínima: 5 °C

Escarola verde

Ocupación del terreno: 90-180 días después del trasplante

Número de plantas por m²: 25

Producción media por m²: 2,5 kg

Exigencias ambientales: se adapta a todos los climas si se encuentra en posiciones soleadas y resguardadas. Son más resistentes al frío que al calor.

Achicoria rizada

Variedades aconsejadas: para la escarola, variedades de corazón compacto; para la achicoria rizada, variedades de otoño e invierno, con corazón blanco y crujiente.

Método de propagación: trasplante en septiembre de plantones de raíz desnuda, de 10 cm de alto, con 5 hojas, a una distancia de 25 cm, sin enterrar el cuello de la raíz.

Abono: si el suelo es rico en sustancia orgánica, se aportan abonos de estímulo sólo en la fase inicial.

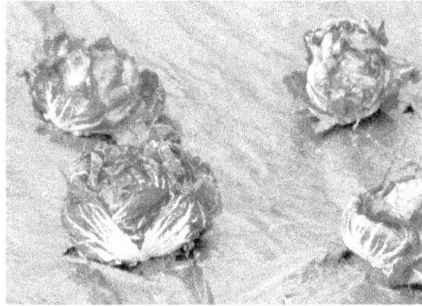

Macollas de achicoria «bola de fuego»

Riego: las exigencias hídricas, en función de la temperatura, son elevadas y constantes en todas las fases del ciclo.

Cuidados de cultivo: el acolchado al trasplantar resulta muy útil en los climas rígidos, así como la protección con invernáculo a partir del otoño. Atar las macollas puede evitarse escogiendo variedades que forman espontáneamente una capucha compacta. No debe efectuarse recalce.

Recolección: de diciembre a marzo, 60-100 días después del trasplante. Puede ser escalonada, durante 30 días, arrancando las macollas según las necesidades. En caso de fuertes heladas, se arrancan con el cepellón y se colocan juntas en recipientes con arena, en lugar fresco y seco.

ESPÁRRAGO (*ASPARAGUS OFFICINALIS*)

Familia: liliáceas

Ciclo biológico: anual

Ciclo productivo: anual

Periodo de cultivo: marzo-mayo

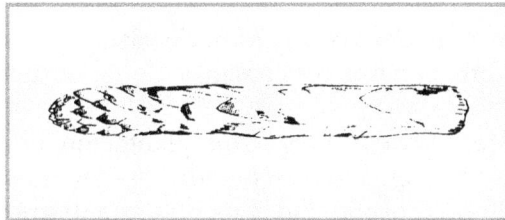

Espárrago

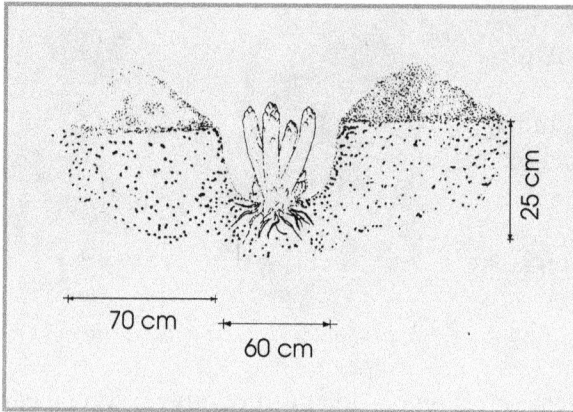

Plantación de esparraguera

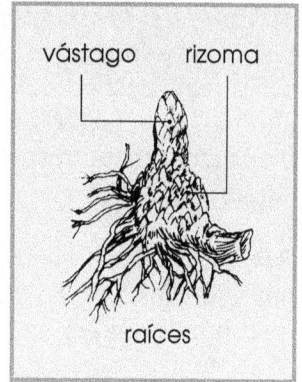

Brote de espárrago para la reproducción

Temperatura óptima: 15-18 °C

Temperatura mínima: 3 °C

Ocupación del terreno: durante 14 años (es una especie vivaz)

Número de plantas por m²: 3

Producción media por m²: desde 2 kg iniciales hasta 6 kg a partir del sexto año.

Exigencias ambientales: es una hortaliza muy adaptable, resistente al frío. Le perjudican los climas húmedos y da un producto muy valorado en zonas templadas y aireadas.

Variedades aconsejadas: de vástagos grandes, con poco desperdicio, sin fibra, con brácteas rosadas, de sabor dulce.

Método de propagación: plantación, en marzo, de pies de 2 años (comprados, en surcos separados 50 cm unos de otros, de 40 cm de ancho y 20 de profundidad. Los pies se entierran en el fondo de estos, a 40 cm de distancia entre sí, y se cubren con 4 cm de tierra.

Abono: abundante abono orgánico en la plantación. Abonos complejos con un elevado porcentaje de potasio al principio de cada ciclo vegetativo. Nitratos durante el crecimiento para estimular el desarrollo de las plantas.

Riego: normales en la fase de arraigo. Más tarde, los suficientes para mantener fresco el terreno.

Cuidados de cultivo: escardas y recalces de protección. Además, si se desea que los vástagos queden blancos y tiernos es necesario ir echando tierra a medida que crecen en primavera. Corte de los talluelos secos.

Recolección: desde el tercer-cuarto año, en marzo-mayo. Escalonada, en función de las dimensiones y del color de los vástagos, durante 30-40 días. Se cortan los tallos, por la base, con el instrumento adecuado.

ESPINACA (*SPINACIA OLERACEA*)

Familia: quenopodiáceas

Ciclo biológico: anual

Ciclo productivo: anual

Periodo de cultivo: febrero-diciembre

Temperatura óptima: 15-18 °C

Temperatura mínima: 5 °C

Ocupación del terreno: unos 60-150 días tras la siembra

Número de plantas por m²: 125

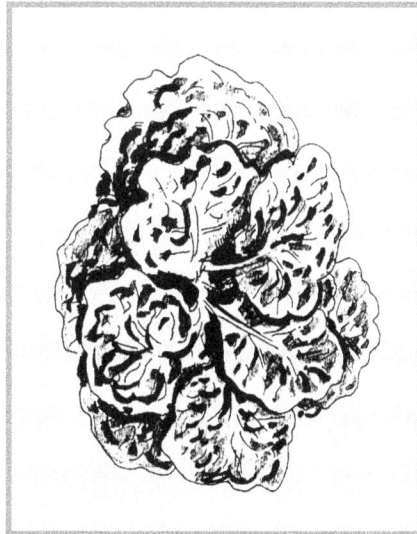

Espinaca con hojas redondas

Producción media por m²: 2 kg

Exigencias ambientales: es una planta adaptable, con un largo periodo de cultivo, pero se cultiva sobre todo en los climas templados y frescos. El calor y la sequía provocan la floración anticipada, que concluye el ciclo productivo. Por lo tanto, en los climas y en los periodos calurosos, le benefician las posiciones a la sombra.

Aunque soporta algunos grados bajo cero, le perjudican los saltos térmicos bruscos y acusados.

Variedades aconsejadas: las variedades de hoja grande y en punta y de disposición erecta se ensucian menos en contacto con el terreno y se recogen con mayor facilidad.

Las variedades de semilla lisa son más productivas y apreciadas, mientras que las de semilla espinosa son más rústicas.

Método de propagación: siembra directa, de febrero a abril y de agosto a octubre-noviembre (temperatura mínima de germinación, 8 °C). Se siembra en filas separadas 15-20 cm, y se aclarea cuando los plantones tienen 4 hojas, para dejar una cada 10 cm. La excesiva densidad, además de no permitir un buen desarrollo de las macollas, provoca la floración anticipada.

Abono: antes de la siembra, se distribuye un complejo orgánico-mineral, rico en fósforo y potasio. Durante el crecimiento, en la primera fase de desarrollo y después de cada cosecha, es necesario distribuir abonos nítricos.

Riego: es necesaria una disponibilidad de agua constante, sobre todo en los periodos calurosos, para mantener el suelo siempre fresco. Los riegos deben ser abundantes en cada reanudación vegetativa.

Cuidados de cultivo: durante el invierno, en las posiciones sometidas a fuerte insolación, se protege con invernáculo contra las variaciones térmicas. A falta de acolchado, la tierra entre las filas debe mantenerse siempre desmenuzada, incluso en invierno, cuando las heladas descalzan las macollas con facilidad.

Recolección: de septiembre a junio, 30-60 días después de la siembra. La primera puede hacerse para completar el aclareo, arrancando las macollas, cuando las plantas están agotándose. Si no se hace así, conviene cosechar siempre cortando todas las hojas por la base o bien, en pequeñas cantidades, retirando de forma escalonada las hojas externas, de manera que se pueda promover el desarrollo progresivo de las hojas internas.

GUISANTE (*PISUM SATIVUM*)

Familia: leguminosas

Ciclo biológico: anual

Ciclo productivo: anual

Periodo de cultivo: otoño-primavera; primavera-verano

Temperatura óptima: 12-18 °C

Temperatura mínima: 4 °C

Guisante

Ocupación del terreno: unos 60-180 días tras la siembra

Número de plantas por m²: 8

Producción media por m²: 0,5 kg (vainas frescas)

Exigencias ambientales: el guisante prefiere clima templado-fresco; requiere posiciones ventiladas.

Variedades aconsejadas: las variedades trepadoras dan una producción escalonada más prolongada. Las variedades de semillas rugosas son más resistentes al calor estival y resultan adecuadas para las siembras primaverales y para las exposiciones muy soleadas. Las variedades de semillas lisas son muy resistentes a las bajas temperaturas. No soportan el calor del verano. Por ello, son adecuadas para las siembras en otoño.

Método de propagación: siembra directa, de septiembre a noviembre en los climas de invierno templado, en agosto en zonas de verano fresco, y de febrero a mayo en los demás. Donde, al final del invierno, se presentan condiciones casi estivales, en parte por la exposición soleada, las siembras primaverales retrasadas forzadamente no dan buenos resultados. Es conveniente sembrar en otoño a tiempo para que el retoño esté bien formado y arraigado antes de entrar en latencia (se requieren 25-30 días, a la temperatura mínima de 5 °C). Se sitúan 3-4 semillas en hoyos, a 2-3 cm de profundidad.

Abono: se distribuye en los hoyos un complejo orgánico-mineral rico en fósforo. Los abonos nítricos se pueden aportar sólo en la primera fase y siempre en caso de necesidad, de lo contrario se perjudica la floración.

Riego: debe ser moderado pero constante en cada fase del ciclo, en particular en los cultivos de primavera e invierno, para los que un solo día de sequía supone daños irreversibles. Las pulverizaciones en las hojas, a primera hora de la mañana o por la tarde son beneficiosas si el tiempo es cálido y seco.

Cuidados de cultivo: escarda frecuente para mantener la frescura del suelo. Las raíces, que tienden a aparecer a flor de tierra, se protegen. El desmochado es necesario cuando, por condiciones ambientales favorables (clima, disponibilidad de agua y de abonos), se da un desarrollo excesivo de las plantas, que tienden a producir poco en la parte más alta. Se corta cada sarmiento sobre el sexto racimo de flores.

Recolección: a partir de febrero, según la época de siembra. Comienza unos 55 días después de la primaveral y 180 días después de la otoñal; se desarrolla de forma escalonada durante 30-50 días. Deben desprenderse progresivamente las vainas turgentes, que revelan semillas grandes y bien formadas. Las vainas ajadas contienen semillas de difícil cocción.

HINOJO (FOENICULUM VULGARE)

Familia: umbelíferas

Ciclo biológico: bianual

Ciclo productivo: anual

Periodo de cultivo: septiembre-mayo

Temperatura óptima: 15-18 °C

Temperatura mínima: 7 °C

Las partes carnosas de los peciolos florales que envuelven el escapo de las flores, forman una especie de bulbo llamado cogollo

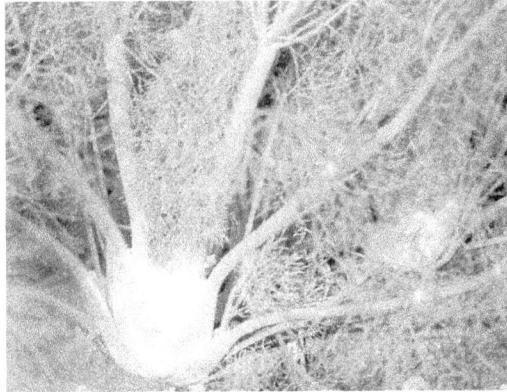

Ocupación del terreno: entre 90 y 100 días tras el trasplante

Número de plantas por m²: 36

Producción media por m²: 12 kg

Exigencias ambientales: es una hortaliza bastante adaptable, que no obstante proporciona mejor producción en climas tem-

El hinojo es un falso bulbo que produce cogollos blancos y tiernos si se recalza

plados. Le perjudica tanto el calor como el frío excesivos. Las largas exposiciones al sol provocan la floración anticipada.

Variedades aconsejadas: es mejor escoger variedades de ciclo largo, adecuadas para el cultivo invernal; de cogollo formado por vainas bien apretadas, no fibrosas; de forma oblonga o esférica, poco comprimida.

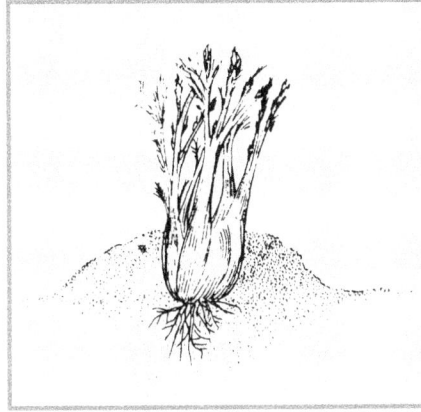

Método de propagación: trasplante de septiembre a noviembre, de plantones de raíz desnuda, con 5-6 hojas, a 15 cm de distancia. El cuello no debe enterrarse. La reducción de la parte aérea favorece el arraigo.

Abono: en suelos ricos, se distribuyen nitratos en la primera fase y en la recuperación. En la fase de formación del cogollo, fósforo y potasio.

Riego: la aportación hídrica debe ser regular y abundante en los periodos de actividad vegetativa y productiva, y suficiente para mantener la humedad necesaria durante el invierno.

Cuidados de cultivo: el acolchado en el momento del trasplante es muy útil para impedir la congelación del suelo. El recalce cuando el cogollo empieza a formarse favorece el blanqueamiento y la consistencia tierna.

Recolección: de noviembre a mayo, 70-180 días después del trasplante. Es escalonada, durante unos 30 días, según las dimensiones de los cogollos.

JUDÍA TIERNA Y JUDÍA SECA (*PHASEOLUS VULGARIS*)

Familia: leguminosas

Ciclo biológico: anual

Ciclo productivo: anual

Periodo de cultivo: marzo-octubre

Temperatura óptima: 18-24 °C

Temperatura mínima: 10 °C

Ocupación del terreno: unos 70-180 días después de la siembra

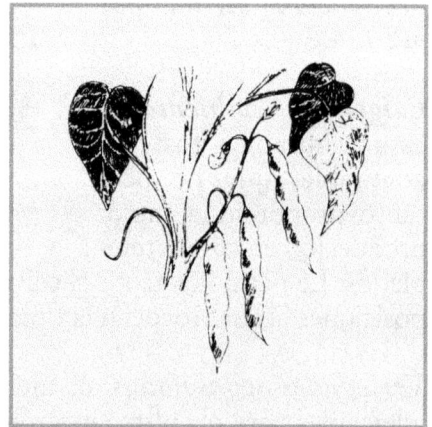

Judía

Número de plantas por m²: 4

Producción media por m²: 1,5 kg de vainas de judías secas; 1 kg de judías tiernas.

Exigencias ambientales: prefiere clima templado y no soporta ni el calor ni el frío excesivos.

Variedades aconsejadas: para las judías secas, variedades de semilla jaspeada o blanca, muy productivas y poco exigentes. Para las judías tiernas, las variedades comunes «de agua», de vaina redonda, recta y verde, y las de vaina blanca y plana. Es mejor asegurarse de que son «sin hilo». Las variedades enanas producen menos pero por la brevedad del ciclo productivo resultan adecuadas para aprovechar los espacios libres.

Método de propagación: siembra directa, entre marzo y junio (temperatura mínima de germinación, 15 °C), hasta julio para las variedades enanas muy precoces. Se plantan 4-6 semillas, a 3-4 cm de profundidad, en hoyos distanciados entre sí 50 cm o bien en filas, separando las semillas 15-20 cm.

Abono: en suelo fértil no se requieren abonos preliminares. Durante el crecimiento, abonos con elevado porcentaje de fósforo y potasio.

Riego: normal en la fase vegetativa y abundante a partir de la floración. La judía, especialmente, en las variedades de semilla, se ve perjudicada por el calor estival y, por lo tanto, las pulverizaciones suplementarias en la parte superior durante el verano son favorables para la producción.

Cuidados de cultivo: se requieren apoyos, a ser posible de red, para las variedades trepadoras, pero son útiles también para las enanas, pues evitan el contacto de las vainas con la tierra y facilitan la cosecha. Es necesario efectuar el recalce para proteger las raíces, que son superficiales.

Recolección: de mayo a octubre, 60-150 días después de la siembra. Escalonada, durante unos 30 días. Las judías tiernas se cosechan a ser posible antes de que hayan alcanzado las dimensiones definitivas, porque

son más tiernas y sin hilos. Las judías de consumo fresco deben recogerse cuando la piel de la vaina comienza a adelgazarse, dejando entrever las semillas bien formadas. Las judías secas se cosechan cuando la vaina está seca. Es preferible recolectar con frecuencia, para estimular una producción continua y retrasar la conclusión del ciclo vital.

LECHUGA (LACTUCA SATIVA)

Familia: compuestas

Ciclo biológico: bianual

Ciclo productivo: anual

Periodo de cultivo: septiembre-febrero

Temperatura óptima: 15-18 °C

Temperatura mínima: 7 °C

Ocupación del terreno: unos 70-90 días tras el trasplante

Lechuga rizada

Número de plantas por m²: 25

Producción media por m²: 6 kg

Exigencias ambientales: se cultiva en cualquier clima y estación, siempre que sea en exposiciones soleadas.

Variedades aconsejadas: lechugas de cogollo (*L. capitata*) y lechugas romanas (*L. longifolia*), con corazón central compacto, blanco y tierno. Es necesario escoger variedades adecuadas al clima y la estación.

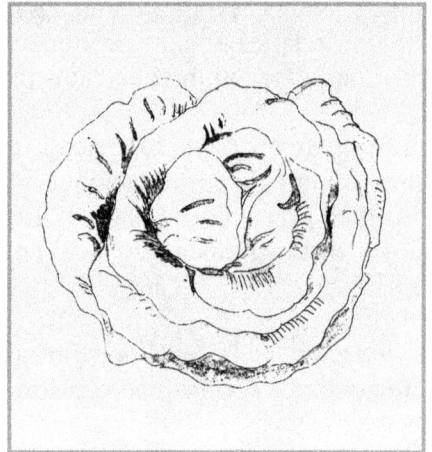

Las lechugas deben atarse para que se forme el cogollo y no florezcan. (Fotografía del archivo de De Vecchi)

Método de propagación: trasplante de plantones con raíz desnuda, entre septiembre y noviembre, de 6 cm de altura, con 5 hojas, a una distancia de 10 cm. El cuello de la raíz no debe enterrarse.

Abono: en suelos ricos en fertilidad orgánica, se distribuyen abonos de estímulo en la primera fase y en ocasiones también después, pero sólo en caso de desarrollo muy débil. En cualquier caso, los nitratos deben utilizarse con moderación, para no estimular en exceso el crecimiento de las plantas en perjuicio de la formación del cogollo central.

Riego: debe ser proporcionado al desarrollo, condicionado por la temperatura pero constante.

Cuidados de cultivo: el acolchado al trasplantar es útil para mantener fresco el suelo o para protegerlo de las heladas. Los invernáculos permiten en los periodos más fríos una recolección continuada. Donde no se efectúa acolchado, el suelo debe escardarse con frecuencia.

Recolección: 60-90 días después del trasplante, de noviembre a febrero en función del desarrollo de las macollas y la consistencia del corazón.

LECHUGUILLA DE TALLO (*LACTUCA SCARIOLA* «ANGUSTANA»)

Familia: compuestas

Ciclo biológico: bianual

Ciclo productivo: anual

Periodo de cultivo: febrero-noviembre

Temperatura óptima: 15-18 °C

Temperatura mínima: 7 °C

Lechuga de corte

Ocupación del terreno: 90 días después de la siembra

Número de plantas por m²: 100

Producción media por m²: 1,5 kg

Exigencias ambientales: es una verdura muy adaptable, que puede cultivarse fácilmente en cualquier estación y clima. De todos modos, precisa hallarse en posiciones soleadas. La sequía provoca la floración anticipada.

Variedades aconsejadas: adecuadas al clima y a la estación, seleccionadas expresamente. De hoja lisa o rizada, de color amarillo o verde claro, de ciclo precoz o tardío según las necesidades.

Método de propagación: siembra definitiva de abril a septiembre (temperatura mínima de germinación, 5 °C); a voleo, a 0,5 cm de profundidad. Luego se aclarea a 10 cm. Es necesario sembrar en abundancia porque el porcentaje de germinación es bajo.

Abono: en suelo enriquecido con mantillo, se aportan frecuentes y moderados abonos nítricos para estimular una germinación continua.

Riego: es necesario, junto con los abonos, para mantener siempre activa la vegetación.

Cuidados de cultivo: se protegen las siembras a temperaturas bajas y los cultivos en el campo al llegar el frío.

Recolección: en la buena estación, las variedades muy precoces se cosechan 20 días después de la siembra y, como máximo, antes de 70 días. Se efectúa de forma escalonada, primero cortando las macollas por la base, y luego arrancando tan pronto como aparece el talluelo floral.

Mezcla: con este nombre se indica un conjunto particular de verduras de tallo para ensalada, que comprende diversas variedades de lechugas y de achicorias. Por lo tanto, en el cultivo, debe tratarse con la técnica apropiada para cada especie.

MELÓN (CUCUMIS MELO)

Familia: cucurbitáceas

Ciclo biológico: anual

Ciclo productivo: anual

Periodo de cultivo: marzo-octubre

Temperatura óptima: 20-28 °C

Temperatura mínima: 15 °C

Melón reticulado

Melón

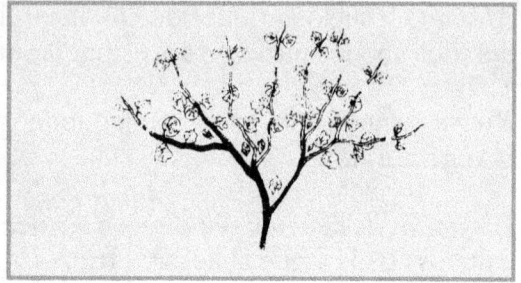

Fases sucesivas del florecimiento del melón

Ocupación del terreno: 150-180 días después del trasplante

Número de plantas por m²: 1

Producción media por m²: 2,5 kg

Exigencias ambientales: requiere clima templado-cálido, y exposiciones soleadas, necesaria para la maduración.

Variedades aconsejadas: para frutos veraniegos, de rápido consumo, los *cantuplos* o *melones finos*, de fruto redondeado, de piel lisa o ligeramente rugosa, de ciclo precoz; o bien los *escritos* o *reticulados*, de fruto alargado y piel reticulada, más tardíos. Si se desea conservarlos, es mejor cultivar las variedades de invierno, de forma alargada y piel lisa.

Método de propagación: trasplante, en marzo-abril, de plantones con cepellón, con 6 hojas, enterrando el cuello de la raíz.

Abono: se distribuye en los hoyos un abono totalmente orgánico. A partir de la floración, se aportan productos con elevado porcentaje de fósforo y potasio, que estimulan la producción de los frutos, haciéndolos dulces y fragantes y facilitando su conservación. Son indispensables para contrarrestar los efectos de las lluvias prolongadas, las cuales provocan el crecimiento rápido de los frutos, que resultan acuosos.

Riego: constante pero moderado, por el motivo indicado.

Cuidados de cultivo: el suelo debe mantenerse escardado y recalzado al pie de las plantas. Es necesario desmochar las plantas para formar «cadenas de brotes» que se pasan a través de un enrejado horizontal, levantado de forma que los frutos queden aislados del suelo. Se conservan sólo tres vástagos por planta, se corta cada uno por encima de la segunda hoja y luego las nuevas ramas por encima de la tercera. Los sarmientos estériles se acortan.

Recolección: de mayo a octubre, 90-110 días después del trasplante. Es escalonada, en función de las dimensiones de la variedad y del grado de maduración de los frutos, que no debe ser total debido al rápido deterioro que sufre el producto. El momento de cosechar se deduce de la intensificación del color, del aroma característico, del aflojamiento bajo presión del polo opuesto al peciolo y de la consistencia coriácea de este último, que precede al marchitamiento de las hojas del sarmiento. No debe esperarse a que el peciolo esté marchito o a que, al darle golpecitos, el fruto «suene a hueco».

Eventual siembra: en recipientes de 8 cm de diámetro, se plantan 3-4 semillas a 2 cm de profundidad (temperatura mínima de germinación, 15 °C). Entre la siembra y el trasplante transcurren 25-30 días.

PATATA (*SOLANUM TUBEROSUM*)

Familia: solanáceas

Ciclo biológico: anual

Ciclo productivo: anual

Periodo de cultivo: febrero-septiembre (regiones septentrionales); septiembre-marzo (regiones meridionales)

Temperatura óptima: 15-18 °C

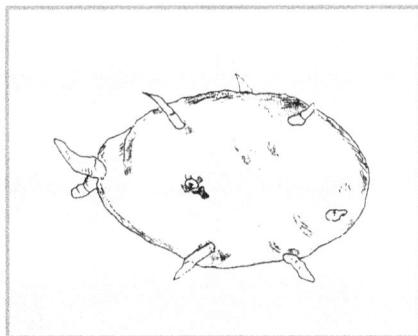

Tubérculo con pequeños y robustos brotes, ideal para la reproducción

Temperatura mínima: 7 °C

Ocupación del terreno: durante 40-90 días

Número de plantas por m²: 6

Producción media por m²: 2 kg de patatas tempranas, 3-4 kg de patatas grandes

Exigencias ambientales: es una hortaliza adaptable, gracias a las numerosas variedades, pero crece mejor en clima templado y fresco.

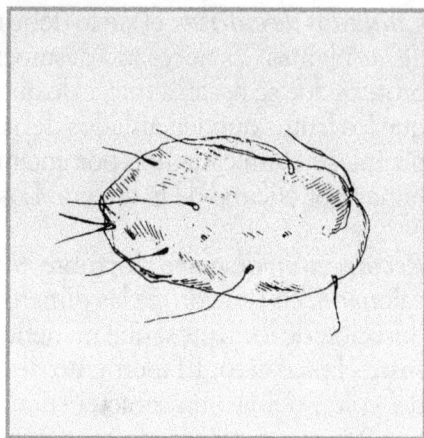

Tubérculo de hilos, inadecuado para la reproducción

Variedades aconsejadas: de tubérculos regulares, redondos u ovalados; de carne blanca o amarilla, harinosa o firme, según el uso al que se destinan.

Método de propagación: tubérculos sanos, provistos de «ojos», es decir, de yemas íntegras, no hundidas. Los tubérculos grandes se dividen de forma que las yemas tengan suficiente sustancia de reserva, y se entierran sólo cuando la superficie de corte ha cicatrizado. Con la germinación anticipada (en locales secos y bien iluminados, iniciada un mes antes de la plantación) se obtiene un adelanto de la cosecha. La plantación tiene lugar de febrero a julio en el norte y de septiembre a diciembre en el sur, en surcos de 15 cm de profundidad, distantes entre sí 50 cm. Se colocan los tubérculos cada 30 cm y se llena de tierra sin comprimirla.

Abono: enriquecimiento anticipado de la tierra con abonos orgánicos. Abonos complejos con elevado porcentaje de fósforo y potasio antes de la plantación; nitratos de sostén en la fase vegetativa inicial.

Riego: suficiente para mantener fresca la tierra hasta la germinación. Constante en los periodos posteriores.

Cuidados de cultivo: cavados y aporcaduras.

Recolección: 40-90 días después de la plantación; escalonada, en función del tamaño de los tubérculos, o de una vez, cuando la planta está marchita.

Las patatas se someten a una germinación anticipada antes de ser enterradas

PEPINO *(CUCUMIS SATIVUS)*

Familia: cucurbitáceas

Ciclo biológico: anual

Ciclo productivo: anual

Periodo de cultivo: abril-octubre

Temperatura óptima: 20 °C

Temperatura mínima: 15 °C

Pepino

Ocupación del terreno: 60-120 días a partir del trasplante

Número de plantas por m²: 9

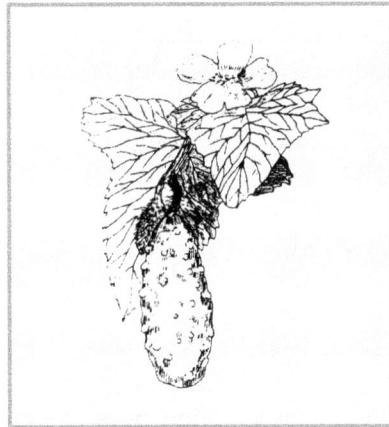

Producción media por m²: 1 kg

Exigencias ambientales: clima templado o cálido

Variedades aconsejadas: de fruto oblongo, con piel verde oscura, sin espinas. De carne poco acuosa y pobre en semillas (recomendamos las variedades apirenas); de ciclo precoz.

Método de propagación: plantación de asiento, en abril-mayo, de plantones con cepellón, en hoyos separados entre sí 30 cm. El cuello de la raíz debe enterrarse.

Abono: se distribuye abono orgánico en los hoyos. Se aportan abonos nítricos en la primera fase, y potásicos, a partir de la floración.

Riego: debe mantenerse moderado durante todo el ciclo de cultivo. Sin embargo, aportaciones relativamente abundantes en la fase de producción atenúan el sabor amargo muy marcado de algunas variedades.

Cuidados de cultivo: resulta oportuno acompañar los sarmientos a medida que trepan a los apoyos, porque son frágiles y es difícil intervenir después. No es necesario desmochar, pero resulta útil en las plantas provistas de pocas ramificaciones. Debe mantenerse la eficacia del recalce para evitar los estancamientos en la base de las plantas.

Recolección: de junio a septiembre, 40-70 días después del trasplante. Es escalonada y dura 30-60 días. Se realiza a medida que los frutos alcanzan las dimensiones adecuadas para el uso al que se destinan. Los de ensalada deben recogerse cuando han alcanzado dos tercios de las dimensiones definitivas propias de la variedad, porque son más firmes y crujientes y tienen pocas semillas, aún tiernas. Los pepinillos para encurtido resultan más apreciados si son de pequeñas dimensiones.

Eventual siembra: se realiza en marzo-abril (temperatura mínima de germinación, 15 °C), plantando dos semillas, a 2 cm de profundidad, en recipientes de 10 cm de diámetro. Puede calcularse que los plantones están dispuestos para el trasplante 20-30 días después de la siembra.

PEREJIL (*PETROSELINUM CRISPUM*)

Familia: umbelíferas

Ciclo biológico: bianual

Ciclo productivo: anual

Periodo de cultivo: febrero-diciembre

Temperatura óptima: 15-18 °C

Temperatura mínima: 7 °C

Ocupación del terreno: 240-300 días a partir de la siembra

Número de plantas por m²: 100

Producción media por m²: 2,5 kg

Perejil

Exigencias ambientales: prefiere climas templados o frescos. En los lugares y periodos más calurosos, le beneficia estar a la sombra.

Variedades aconsejadas: las de tamaño gigante son más productivas. Las enanas, de hojas rizadas, son más aromáticas y resultan adecuadas para la guarnición de los platos.

Método de propagación: siembra directa, de febrero a septiembre, en filas separadas 10 cm entre sí, a 0,5 cm de profundidad. Aclareos, en cuanto es posible, para dejar una planta cada 10 cm (temperatura mínima de germinación, 10 °C). Las siembras de agosto y septiembre, efectuadas con variedades precoces, dan el producto antes de noviembre y permanecen en el suelo para recuperarse al año siguiente, tan pronto

como la temperatura es adecuada, y no florecen hasta el mes de junio siguiente.

Abono: en suelos ricos en sustancia orgánica, se efectúan abonos de estímulo en la primera fase, después de cada siega y en la recuperación primaveral. Deben utilizarse productos líquidos o solubles en agua, en cantidades diluidas y frecuentes, para no estropear las hojas.

Riego: una disponibilidad de agua constante y proporcionada a los abonos permite la recolección continuada de hojas tiernas.

Cuidados de cultivo: se ve invadido fácilmente por las malas hierbas y por lo tanto es necesaria una limpieza frecuente. En el periodo estival necesita mucha sombra. La protección con invernáculo permite la recolección invernal continuada y una recuperación primaveral anticipada.

Recolección: para las variedades precoces, comienza 70 días después de la siembra. Las variedades tardías se prestan a frecuentes cosechas durante un periodo de seis meses.

Si se cortan las matas de perejil por la base, rebrotarán con rapidez. (Fotografía del archivo De Vecchi)

PIMIENTO (CAPSICUM ANNUUM)

Familia: solanáceas

Ciclo biológico: anual

Ciclo productivo: anual

Periodo de cultivo: marzo-noviembre

Temperatura óptima: 20-23 °C

Temperatura mínima: 19 °C

Ocupación del terreno: de 90 a 150 días después del trasplante

Pimiento

Número de plantas por m²: 10

Producción media por m²: 2,5 kg (bayas grandes), 0,4 kg (bayas grandes)

Exigencias ambientales: clima templado o cálido y exposición al sol.

Variedades aconsejadas: para uso de mesa, variedades de fruto grande, amarillo o rojo. Las guindillas y los pimentones para encurtido o condimento son de baya pequeña, verde, con pocas semillas.

Método de propagación: plantación en el lugar definitivo, en abril-mayo, de plantones con pan de tierra, de 5 cm de altura, con 4-5 hojas; a 40 cm de distancia para las variedades de baya grande y a 30 cm para las de baya pequeña. El cuello de la raíz debe enterrarse.

Abono: en el momento del trasplante se aporta abono orgánico; abonos nítricos en la primera fase, y potásicos, a partir de la floración.

Riego: moderado pero constante durante todo el ciclo.

Cuidados de cultivo: las escardas deben ser frecuentes. Los tallos deben asegurarse a un tutor a medida que crecen. Se procede a la poda de los brotes axilares sólo en las variedades de baya grande. En caso de excesivo desarrollo de las hojas, se corta el tallo principal y las ramas dos hojas por encima de los frutos en formación.

Recolección: de junio a octubre, 60-80 días después del trasplante. Es escalonada durante 30-70 días. Se efectúa en función del grosor de los frutos y de su coloración. En general, los pimientos verdes son así porque aún no están maduros, pero se pueden cosechar si han alcanzado las dimensiones típicas de la variedad. Los frutos deben ser turgentes y brillantes. Los pimientos pequeños para encurtido se cosechan con mucha frecuencia, a medida que van alcanzando las dimensiones adecuadas. Para condimentos, se recogen completamente maduras y rojas, cuando la planta está casi completamente seca. Se arranca esta y se cuelga en un lugar seco, donde se conserva hasta la siguiente cosecha.

PUERRO (*ALLIUM PORRUM*)

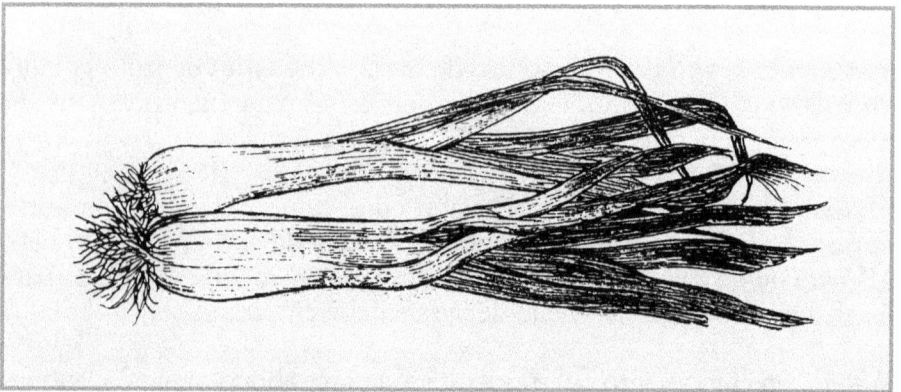

Puerro

Familia: liliáceas

Ciclo biológico: bianual

Ciclo productivo: anual

Periodo de cultivo: septiembre-febrero

Temperatura óptima: 12-13 °C

Temperatura mínima: 7 °C

Ocupación del terreno: 170-200 días después del trasplante

Número de plantas por m²: 100

Producción media por m²: 2 kg

Exigencias ambientales: es muy adaptable, resistente al frío y a las exposiciones poco soleadas.

El puerro podado y recalzado queda blanco y tierno

Variedades aconsejadas: en los climas templados se cosechan antes de Navidad variedades muy precoces. En los demás, variedades tardías, resistentes a las heladas, que vuelven a germinar al final del invierno.

Método de propagación: trasplante, a partir de septiembre, de plantones de raíz desnuda, de 15 cm de altura, del grosor de un lápiz. A 10 cm de distancia, con el cuello de la raíz enterrado. Se reducen las hojas y también las raíces si son demasiado abundantes.

Abono: en suelos ricos en materia orgánica, nitratos en la fase inicial y en la recuperación. Abonos fosfopotásicos en la fase de formación del bulbo.

Riego: moderado en la fase inicial y en otoño; abundante en la recuperación.

Cuidados de cultivo: el acolchado en el trasplante favorece la vegetación sobre todo al final del invierno. En los climas muy fríos se cubre con invernáculo. El recalce protege de las heladas y blanquea. El desmochado favorece el crecimiento del bulbo.

Recolección: en los climas templados, 100-140 días después del trasplante. En los demás, de enero a febrero; escalonada, durante unos 30 días. En los climas sometidos a heladas, las plantas se pueden arrancar y, después de despuntar las hojas en un tercio, se entierran en recipientes en un lugar resguardado para que completen el blanqueado.

RÁBANO *(RAPHANUS SATIVUS)*

Familia: crucíferas

Ciclo biológico: anual

Ciclo productivo: anual

Periodo de cultivo: febrero-diciembre

Temperatura óptima: 15-18 °C

Temperatura mínima: 5 °C

Ocupación del terreno: 20-60 días después de la siembra

Número de plantas por m²: 100-120 según la variedad

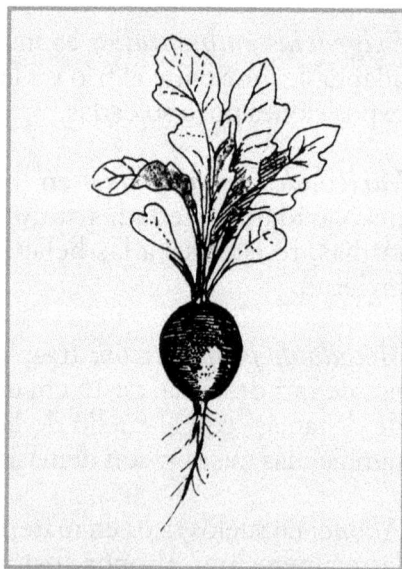

Rábano

Producción media por m²: 1,5 kg

Exigencias ambientales: es una hortaliza indiferente a la estación y que requiere posiciones a la sombra en verano, y al sol, en invierno.

Variedades aconsejadas: tradicionales, con la piel de un rojo vivo, de forma redonda y dimensiones medias. De piel blanca y forma alargada; de ciclo precoz.

Método de propagación: siembra, de febrero a noviembre (temperatura mí-

El rábano necesita riegos regulares durante todo su ciclo biológico. (Fotografía del archivo De Vecchi)

nima de germinación, 7 °C), a 15 cm de distancia y a 1,5 cm de profundidad.

Abono: dada la brevedad del ciclo, se aportan abonos de efecto rápido; nitratos en la primera fase, potásicos al comenzar a formarse la raíz.

Riego: abundante y constante. Los excesos, después de un periodo de sequía, hacen que los rábanos se rajen.

Cuidados de cultivo: el suelo debe mantenerse escardado entre las filas. La protección invernal permite prolongar el periodo de cosecha. La sombra en las horas más calurosas del verano evita la producción de rábanos deformes y ásperos.

Recolección: se inicia tan sólo 20 días después de la siembra, y es escalonada, a medida que salen a la superficie raíces bien formadas y rojas. Los rábanos demasiado desarrollados son coriáceos, esponjosos y de sabor amargo. Tan pronto como empieza a formarse el talluelo floral, el producto deja de ser comestible.

TOMATE (LYCORPERSICUM ESCULENTUM)

Familia: solanáceas

Ciclo biológico: anual

Ciclo productivo: anual

Periodo de cultivo: abril-octubre

Temperatura óptima: 20-28 °C

Temperatura mínima: 18 °C

Tomate

Ocupación del terreno: 140-180 días después del trasplante

Número de plantas por m²: 6

Producción media por m²: 5 kg

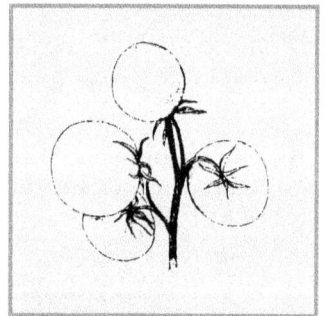

Tomate canario

Exigencias ambientales: el clima templado o caluroso resulta ideal para el tomate, que no obstante es muy adaptable y puede cultivarse hasta los 1.200 m sobre el nivel del mar, siempre que sea en posiciones resguardadas y soleadas. Le perjudican los climas húmedos y las heladas tardías, y sucumbe a temperaturas inferiores a los 6 °C.

Variedades aconsejadas: existen innumerables variedades seleccionadas expresamente para diversos usos, pero, por motivos prácticos, conviene

dedicarse a una sola, de fruto redondo y liso, de tamaño medio, con pocas semillas (apirena). Esta se presta a múltiples aplicaciones según el grado de maduración; los tomates «cereza» ocupan poco espacio y producen mucho, con racimos de frutos muy pequeños y redondos, dulces y jugosos, adecuados para aperitivos y para zumos. También hay tomates «híbridos», que unen calidad y resistencia a las enfermedades.

Método de propagación: trasplante, de marzo a junio, de plantones con el cepellón, de unos 20 cm de altura, con 6-8 hojas, separados entre sí 40 cm. El cuello de la raíz debe enterrarse ligeramente.

Abono: se distribuye en los hoyos un complejo orgánico-mineral. A partir de la época de floración se utilizan abonos complejos ricos en potasio.

Riego: abundante en todas las fases del cultivo, en particular desde que comienzan a formarse los frutos. Es primordial la regularidad durante la producción, pues en caso contrario se rajan los frutos.

Cuidados de cultivo: el suelo debe mantenerse blando con las escardas y recalzado al pie de las plantas. Se requieren apoyos desde el trasplante. El desmochado no es necesario pero, dado que estimula una abundante ramificación, se debe llevar a cabo en función del espacio disponible. La poda es necesaria en las variedades provistas de brotes axilares. El deshojado, práctica con la cual se hace menos densa la vegetación a fin de favorecer el crecimiento y la maduración de los frutos, no es racional, puesto que son las hojas las que facilitan la nutrición. Eventualmente se pueden quitar algunas hojas en otoño para dar sol a los últimos frutos que quedan en las plantas y cuando ya no se forman nuevos.

Recolección: de julio a octubre, 60-80 días después del trasplante, se cosecha de forma escalonada, de 30 a 80 días, en función del destino del producto: apenas rosados los tomates para ensalada, rojos por completo pero bien duros los de relleno, de un rojo intenso y blandos al tacto, por jugosos, los de salsa y zumo. El tomate puede considerarse fisiológicamente maduro cuando ha alcanzado las dimensiones propias de la variedad y es capaz de colorearse incluso después de ser cosechado, siempre que se mantenga un ambiente cálido y luminoso. Sin embargo, el tomate

Los tomates «para relleno» tienen que ser completamente rojos y con mucha pulpa. (Fotografía del archivo De Vecchi)

madurado al sol es más sabroso y más rico en azúcares y vitaminas. Cuando el cultivo va agotándose y los tomates que quedan ya no se colorean, para que prosiga la maduración se cuelgan hacia abajo las plantas, cortadas por la base y desmochadas por encima de los frutos, en un lugar tibio, ventilado y luminoso.

Siembra eventual: la temperatura mínima de germinación es de 15 °C y, por lo tanto, es necesario sembrar en recipientes, calculando que se necesitan al menos 60 días para obtener plantas adecuadas para el trasplante. Se plantan 4-5 semillas en un recipiente de 6 cm de diámetro, a 0,5 cm de profundidad.

ZANAHORIA (DAUCUS CAROTA)

Familia: umbelíferas

Ciclo biológico: bianual

Ciclo productivo: anual

Periodo de cultivo: enero-noviembre

Temperatura óptima: 16-18 °C

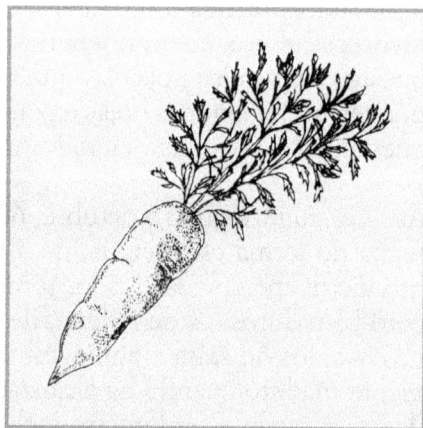

Zanahoria

Temperatura mínima: 8 °C

Ocupación del terreno: de 95 a 230 días después de la siembra

Número de plantas por m²: 250

Producción media por m²: 5 kg

Exigencias ambientales: es una hortaliza muy adaptable pero, en condiciones óptimas (en los climas templados), proporciona un producto cualitativamente superior. Las bajas temperaturas durante la primera fase vegetativa provocan la floración anticipada,

Zanahoria: el cuello de la raíz enterrado evita el reverdecimiento de las raíces

que debería darse en el segundo año, marcando el final del ciclo vital y anulando la producción.

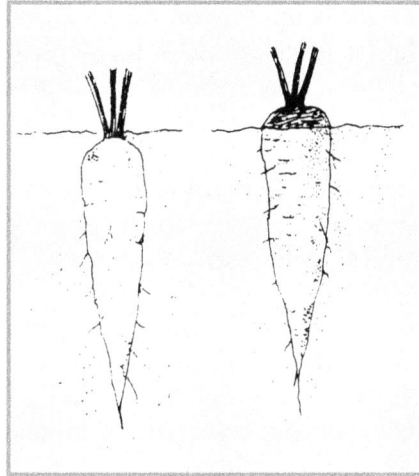

Variedades aconsejadas: las mejores son las de longitud media, intensamente coloreadas, con corazón tierno y poco desarrollado, adecuadas para el consumo crudo. Las variedades muy precoces permiten sembrar con frecuencia, pues existen variedades adecuadas para cada estación.

Método de propagación: siembra definitiva, de enero a agosto (temperatura mínima de germinación, 8 °C), en filas separadas 10 cm. Las semillas deben frotarse como prevención para eliminar sus espinas, que las mantienen aglomeradas. En cuanto resulta posible se clarea a 3 o 6 cm, según el tamaño deseado. El aclareo gradual, efectuado inicialmente de forma que se separen las plantas un cm y luego completado, permite cosechar zanahorias muy pequeñas y tiernas, para consumir frescas o encurtidas.

Abono: en la primera fase, abonos nítricos de apoyo para estimular el desarrollo vegetativo. Cuando empieza a hacerse más gruesa la raíz, abonos complejos ricos en potasio, que favorecen la cantidad y calidad del producto.

Riego: la aportación de agua debe ser moderada pero constante en todas las fases del ciclo. La escasez de agua produce zanahorias pequeñas y leñosas; fases alternas de humedad y sequía provocan deformaciones y rajas.

Cuidados de cultivo: la escarda entre las filas permite mantener el terreno blando y fresco. A veces es necesario el recalce para evitar que se vuelva verde la parte superior de las zanahorias que aflora a la superficie.

Recolección: de abril a noviembre, 65-100 días después de la siembra. Es escalonada, durante unos 30 días, en función del grosor de las raíces, que se deduce del desarrollo de la macolla al nivel del cuello de la raíz. Es preferible cosechar las zanahorias algo inmaduras, antes de que hayan alcanzado las dimensiones típicas de la variedad.

CALENDARIO
DEL MINIHUERTO

ENERO

Siembra o trasplante	Recolección
apio	col
zanahoria	escarola y achicoria rizada
	espinaca
	hinojo
	lechuga
	perejil
	puerro

FEBRERO

Siembra o trasplante	Recolección
acelga de cortar	col
achicoria	escarola y achicoria rizada
apio	espinaca
espinaca	guisante
patata	hinojo
perejil	lechuga
rábano	perejil
zanahoria	puerro
	tupinambo

MARZO

Siembra o trasplante	Recolección
acelga de cortar	ajo
achicoria	escarola y achicoria rizada
apio	espinaca
batata	guisante
espinaca	hinojo
judía seca y tierna	perejil
melón	rábano
patata	
perejil	
rábano	
tomate	
zanahoria	

ABRIL

Siembra o trasplante	Recolección
acelga de penca blanca	achicoria
achicoria	ajo
albahaca	cebolla
batata	espinaca
berenjena	guisante
calabacín	hinojo
espinaca	perejil
judía seca y tierna	rábano
lechuga de tallo	zanahoria
melón	
patata	
pepino	
perejil	
pimiento	
rábano	
tomate	
zanahoria	

MAYO

Siembra o trasplante

Recolección

acelga de penca blanca	acelga de cortar
achicoria	achicoria
albahaca	espinaca
berenjena	guisante
calabacín	hinojo
judía seca y tierna	judía seca y tierna
lechuga de tallo	lechuga
patata	melón
pepino	patata
perejil	perejil
pimiento	rábano
rábano	zanahoria
tomate	
zanahoria	

JUNIO

Siembra o trasplante

Recolección

acelga de cortar	acelga de cortar y de penca blanca
achicoria	achicoria
albahaca	berenjena
apio	calabacín
berenjena	espinaca
calabacín	guisante
judía seca y tierna	judía seca y tierna
lechuga de tallo	lechuga de tallo
patata	melón
perejil	patata
rábano	pepino
tomate	perejil
zanahoria	pimiento
	rábano
	zanahoria

JULIO

Siembra o trasplante	Recolección
acelga de cortar	acelga de cortar y de penca blanca
achicoria de tallo	achicoria
apio	albahaca
calabacín	berenjena
lechuga de tallo	calabacín
patata	guisante
perejil	judía tierna y seca
rábano	lechuga de tallo
zanahoria	melón
	patata
	pepino
	perejil
	pimiento
	rábano
	tomate
	zanahoria

AGOSTO

Siembra o trasplante	Recolección
acelga de cortar	acelga de cortar
achicoria	achicoria de tallo
apio	albahaca
calabaza	berenjena
cebollino	calabaza
chayote	guisante
espinaca	judía seca y tierna
lechuga de tallo	lechuga de tallo
perejil	melón
rábano	patata
zanahoria	pepino
	perejil
	pimiento
	rábano
	tomate
	zanahoria

SEPTIEMBRE

Siembra o trasplante	*Recolección*
acelga de penca blanca	acelga de cortar
achicoria de tallo	achicoria de tallo
apio	albahaca
cebollino	batata
col	berenjena
escarola y achicoria rizada	calabacín
espinaca	espinaca
guisante	guisante
hinojo	judía seca y tierna
lechuga de macolla	lechuga de tallo
lechuga de tallo	melón
perejil	patata
puerro	pepino
rábano	perejil
	pimiento
	rábano
	tomate
	zanahoria

OCTUBRE

Siembra o trasplante	*Recolección*
acelga de penca blanca	acelga de cortar
achicoria de tallo	achicoria de tallo
ajo	batata
apio	calabacín
cebollino	espinaca
espinaca	guisante
guisante	judía seca y tierna
hinojo	lechuga de tallo
lechuga de macolla	melón
puerro	perejil
rábano	pimiento
	rábano
	tomate
	zanahoria

NOVIEMBRE

Siembra o trasplante	Recolección
achicoria amarga	acelga de cortar y de penca blanca
ajo	calabacín
hinojo	col
lechuga	espinaca
guisante	guisante
rábano	hinojo
apio	lechuga
espinaca	perejil
	rábano
	zanahoria

DICIEMBRE

Siembra o trasplante	Recolección
apio	acelga de cortar y de penca blanca
	col
	hinojo
	escarola y achicoria rizada
	lechuga espinosa
	perejil
	espinaca

RECETAS CULINARIAS

Todas las recetas son para 4 personas.

Alboronía

250 g de patatas
250 g de pimientos
250 g de berenjenas
200 g de tomates maduros
1 diente de ajo
aceite de oliva virgen extra
sal

Se lavan y se cortan en dados las berenjenas; se ponen en un plato inclinado o en un colador espolvoreadas de sal para que suelten el agua amarga durante una hora. Después se aclaran y se secan con un paño.

Mientras tanto, se pelan las demás verduras, y se cortan las patatas en dados y los pimientos en tiras; los tomates se trocean y se dejan aparte.

Se calienta un poco de aceite en una sartén y se fríen las berenjenas, después las patatas y al final los pimientos. Se añaden los tomates y el diente de ajo, se sala y se cuece todo lentamente durante una hora, removiendo a menudo.

Cebolletas y hortalizas mixtas

500 g de cebolletas
300 g de zanahorias
1 cogollo de lechuga
300 g de guisantes
2 cucharadas de mantequilla
sal
pimienta

Se diluye la mitad de la mantequilla en una cazuela y se añaden los guisantes, las cebolletas peladas y la lechuga picada de forma gruesa.

Se rascan las zanahorias, se lavan y se rebanan, se agregan al resto de las verduras con unas cucharadas de agua.

Se salpimenta y se deja cocer a fuego bajo y con el recipiente tapado durante 30 minutos, revolviendo delicadamente de vez en cuando.

Se añade el resto de mantequilla dejando que se funda y se sirve.

Crema de espárragos

500 g de espárragos
50 g de harina
90 g de mantequilla
2 huevos
sal

Se lavan los espárragos, se cortan a dados y se escaldan unos minutos en agua hirviendo.

Se vierte en una cazuela la mitad de la mantequilla y cuando empiece a estar derretida se añade la harina, mezclando con cuidado, y se diluye todo con un poco de agua caliente. Se agregan los dados de espárrago, se sala y se deja cocer durante cuarenta y cinco minutos, y después se pasa todo por el tamiz hasta obtener un puré.

Se vierten las yemas de los huevos en una sopera, se añade el resto de la mantequilla fundida y se trabaja todo durante unos minutos antes de agregar el puré de espárragos. Se mezcla y se sirve caliente.

Ensalada de judías

200 g de judías secas
1 cogollo de lechuga
1 cucharada de cebolla picada
1 cucharada de perejil picado
100 ml de aceite de oliva virgen extra
2 cucharadas de vinagre
sal
pimienta

Se ponen en remojo las judías secas la noche anterior. Se escurren y se ponen en una cazuela, cubiertas de agua, y se cuecen aproximadamente hora y media. Se escurren, se dejan enfriar y se ponen en una ensaladera.

Se agregan la cebolla picada, la sal y la pimienta y después se vierten el vinagre y el aceite, mezclando todo con mucho cuidado. Se deja reposar durante 2 horas.

Se lava la lechuga; se seca, se corta y se coloca por encima de las judías; se mezcla todo y se cubre con el perejil picado.

Ensalada de pasta

250 g de espirales
1 pimiento verde
2 tomates rojos
2 dientes de ajo
queso parmesano rallado
aceite
sal
pimienta

Se hierve la pasta al dente y se escurre. Mientras, se cortan en daditos los tomates y el pimiento.

Se frota una ensaladera con los ajos y se disponen en ella la pasta con las hortalizas.

Se mezcla, se aliña con sal, aceite y pimienta y se sirve con parmesano rallado.

Escalivada

2 pimientos rojos
2 pimientos verdes
2 berenjenas
1 cebolla mediana
1 diente de ajo
vinagre (opcional)
sal

Para empezar, se asan las distintas verduras (se recomienda hacerlo con fuego directo, siempre que sea posible). Se colocan en un recipiente y se tapan herméticamente, dejándolas enfriar. (El líquido que sueltan servirá para aliñarlas luego.)

Una vez frías, se pelan y se cortan en tiras, sin utilizar el cuchillo, y se disponen separadas en una bandeja. Se coloca por encima el ajo picado y el líquido que han soltado. Se adereza todo con aceite, pimienta y sal, y se sirve.

Gazpacho

200 g de pan del día anterior
400 g de tomates
1 diente de ajo
1 pimiento verde
1 pepino pequeño
1 cebolla
vinagre
aceite de oliva
sal
pimienta

Se coloca en un mortero el ajo, el pan remojado y el tomate troceado y con piel. Se machaca todo bien y se le añade una cucharada de vinagre y cinco de aceite.

Se pasa por la batidora y se añade un litro de agua muy fría; se guarda en la nevera.

Se cortan en cubitos el pimiento, el pepino y la cebolla, que se incorporarán como tropezones.

Se sirve muy frío, con las verduras presentadas en recipientes individuales, para que cada comensal se sirva al gusto.

Mixto de verduras al horno

200 g de tomates maduros
200 g de acelgas de tallo
200 g de pimientos amarillos y rojos
200 g de alcachofas
200 g de coliflor
200 g de zanahoria
200 g de apio
50 g de perejil
caldo vegetal
3 cucharaditas de aceite extra virgen de oliva
ajo, orégano, mejorana, laurel y otras hierbas al gusto
sal
pimienta

Se pelan y lavan las verduras y hortalizas y se cortan en trozos pequeños.

Se unta una bandeja, se colocan en ella los ingredientes de forma ordenada, se salpimenta y se añaden el ajo, los aromas y el caldo vegetal.

Por último, se hornea a 150° durante 30 minutos y se esparce el perejil.

Pimientos en sartén

4 pimientos verdes carnosos
1 cebolla grande
6 tomates
100 ml de aceite de oliva virgen extra
sal

Se pasan los pimientos por la llama para que se queme la piel, que luego se eliminará por completo bajo el grifo; se parten por la mitad, se vacían, se lavan con cuidado y una vez secos se parten en trozos grandes.

Se vierte el aceite en una sartén, se echa la cebolla cortada muy fina, se deja ablandar a fuego bajo, sin que se dore; luego se añaden los tomates y, cuando estos estén un poco cocidos, se agregan los pimientos.

Se sala, se tapa la sartén y se cuece a fuego moderado unos veinte minutos.

Puré de zanahorias al jerez

250 g de patatas
500 g de zanahorias
1 cebolla grande
1 l de caldo vegetal
2 cucharadas de aceite de oliva
1 vaso de jerez
sal

Se pelan las zanahorias y las patatas y se trocean en dados no muy grandes. La cebolla se pela y se pica menuda.

Se pone una cacerola con el aceite al fuego y, cuando está caliente, se añade la cebolla y se deja que se haga durante 5 minutos.

Se agregan las hortalizas y se rehogan un par de minutos. Se añade el vaso de jerez y el caldo, y se deja hervir a fuego lento media hora.

Se retira del fuego, se deja enfriar 5 minutos y se rectifica la sal.

Finalmente, se pasa por el pasapurés y se sirve en una fuente honda.

Zanahorias y cebolletas glaseadas con pasas

300 g de zanahorias
100 g de cebolletas
25 g de mantequilla
1 cucharada de azúcar
50 g de pasas
agua
pimienta

Se disponen en una cazuela las zanahorias cortadas en bastoncitos delgados, las cebolletas peladas, la mantequilla y el azúcar.

Se añade la pimienta y agua hasta que queden cubiertas las hortalizas.

Cuando el agua hierva se reduce el fuego y se deja cocer hasta que se haya evaporado.

Una vez frías las zanahorias y las cebolletas, se añaden las pasas.

9 781644 619339